Ute Mörchen-Ludwig

Kinder mittendrin

**52 x 15-Minuten-Programme
mit liturgischen und kreativen Elementen
für Kinder von 3 bis 6 Jahren zu biblischen Geschichten**

BORN-VERLAG

Die Autorin

Ute Mörchen-Ludwig ist Diplompädagogin und hat als Therapeutin und Sozialarbeiterin in Deutschland und Südafrika gearbeitet. Seit 2007 lebt sie mit ihrer Familie in Neuseeland, wo sie ihre Tätigkeit als Sozialarbeiterin und Therapeutin für Familien mit Kindern im Alter von 0 bis 17 Jahren weiter fortführt. Sie ist verheiratet und hat zwei Söhne.
Ihr erstes Buch im **BORN**-VERLAG erschien unter dem Titel „Jesus liebt Kinder".

Impressum

Umschlaggestaltung:
Krüger & Ko., Göppingen
Lektorat:
BORN-VERLAG, Birgit Götz, Marburg
Satz:
BORN-VERLAG, Claudia Siebert, Kassel
Illustrationen:
Ute Mörchen-Ludwig, Auckland
Foto Büroklammer:
Dmitry Rukhlenko, Fotolia.com
Druck und Gesamtherstellung:
AALEXX Buchproduktion GmbH,
Großburgwedel
Gedruckt auf FSC-zertifiziertes Papier.

ISBN 978-3-87092-512-3
Bestellnummer 182.512

Inhalt

Hinweis zu den Mal- und Bastelvorlagen

Einzelne Einheiten sind mit Mal- oder Bastelvorlagen versehen, die zur Vorbereitung und Durchführung der Einheiten dieses Buches kopiert werden dürfen. Sie stehen exklusiv den Käufern dieses Buches zum kostenfreien Download unter **download.bornverlag.de** in verschiedenen Formaten zur Verfügung.

Eine Verwendung, Vervielfältigung oder Weitergabe in jeglicher Form darüber hinaus ist nicht gestattet.

... und sagte zu ihnen:
„Lasst doch die Kinder zu mir kommen,
hindert sie nicht daran.
Denn für Menschen wie sie
ist das Reich Gottes da.
Amen, das sage ich euch:
Wer sich das Reich Gottes nicht wie ein Kind
schenken lässt,
wird nie hineinkommen."

Markus 10,14-15, nach BasisBibel

Einleitende Gedanken zur Arbeit mit Kindern

Kinder rollen wie kleine positive Tsunamis durch unser Leben. Sie sind in der Lage, all unsere Gedankengebäude, die auf wackeligen Fundamenten stehen, mit ihren bohrenden Fragen wegzuspülen. Die „Löcher", die sie uns in den Bauch fragen, müssen wir mit neuem, besser fundiertem Gedankenmaterial wieder stopfen. Und hier liegt die große Gewinnchance für alle: für die Kinder, denen wir Gedankenanleitungen für das Leben mitgeben können, und für uns, weil wir unsere eigenen Einstellungen und Überzeugungen auf den Prüfstand stellen, und Dinge, die wir für selbstverständlich hielten und unumstößlich fanden, noch einmal kritisch hinterfragen. Deshalb sind die Arbeit und das Leben mit Kindern so positiv und produktiv.

Mit Kindern zu leben und zu arbeiten ist eine wunderschöne Aufgabe. Ihre direkte Art, unbefangen Fragen zu stellen, ihre Phantasie, ihre Unvoreingenommenheit können wie frischer Tau auf einer Morgenwiese auf uns wirken - erfrischend, strahlend, funkelnd - und irgendwie schleicht sich dieses leichte Glücksgefühl in unsere Herzen. Kinder fordern uns heraus, mit ihren Fragen und ihrem Wissensdurst. Sie fordern uns heraus, selbst den Dingen so auf den Grund zu gehen, dass wir sie einfach und kindgemäß erklären können. Dafür müssen wir sie selbst verstanden haben.

Dabei soll dieses Buch helfen. Neben Hintergrundwissen für die Mitarbeitenden soll es einige positive und kreative Ideen zur Arbeit mit unseren Jüngsten und Wissbegierigsten geben, die allen Beteiligten Spaß machen sollen und die hoffentlich auch dazu motivieren, sich mitzuteilen, zu lernen, zu verstehen, zu erinnern. Die Programmentwürfe in diesem Buch sollen als Anregung dienen, Wege zu finden, wie man mit Kindern den Wundern unseres Glaubens auf die Spur kommen kann. Wenn wir mit den Kindern arbeiten und ihnen zuhören bzw. ihre Anregungen aufnehmen und verarbeiten, werden sich zudem immer wieder neue Wege öffnen und neue Ideen hinzukommen. Dafür wünsche ich von ganzem Herzen viel Erfolg und Freude.

Die Kinder sind unsere Zukunft und wir werden ihre Vergangenheit - aber heute und jetzt sind unsere Kinder mittendrin.

1. Kinderprogramm – ja, und?

1.1 Warum gibt es ein „extra“ Kinderprogramm?

Kinder im Alter von 3 bis 6 Jahre haben eine andere Vorstellungswelt als wir Erwachsene. Sie leisten Schwerstarbeit, weil sie, sobald sie ihre Augen aufmachen, lernen. Sie lernen über und von sich selbst, über und von der Welt um sie herum und sie lernen ständig Neues dazu. Sie lernen das Wunder der Sprache und was man alles mit Worten tun und erreichen kann. Deshalb sind sie auch oft so lebhaft und quirlig und es fällt ihnen schwer, längere Zeit ihre Stimme nicht auszuprobieren oder ruhig zu sitzen.

Dieses lebhafte Verhalten der Kinder hat auf die Konzentration der Erwachsenen z. B. im Gottesdienst oder bei anderen „stillen“ Veranstaltungen oft eine störende Wirkung. Darum haben wir den Kindergottesdienst eingerichtet. Seien wir ehrlich: Die Motivation, Kindergottesdienste und -betreuung einzurichten, kommt ursprünglich rein aus der Erwachsenenwelt, die ihre „Ruhe“ während des Gottesdienstes haben will. Dies eröffnet uns auf der anderen Seite die wunderbare Möglichkeit, wirklich kindgerechte Programme durchzuführen, an denen die Kinder Spaß haben und an denen sie gern teilnehmen.

Nun gibt es aber auch andere Veranstaltungen - unabhängig vom Gottesdienst - die Kindern die gute Nachricht nahebringen wollen. Z. B. Kindergärten, die spezielle Programme in dieser Richtung anbieten, Kinderfreizeiten, Elterngruppen oder auch die einzelne Familie, die mit ihren Kindern die biblischen Geschichten erfahren will. Auch hier gilt das oben Gesagte: Wir haben eine wunderbare Chance, den Kindern Gott nahezubringen, sie die Gemeinschaft der Christen erfahren zu lassen und ihnen die christlichen und ethischen Werte mit auf ihren Lebensweg zu geben. Und dies geschieht am besten und macht am meisten Spaß, wenn man ein kindgerechtes Programm anbietet.

Um erfolgreich zu sein, müssen wir dazu

- die Sprache der Kinder sprechen,
- ihren Bewegungs- und Erfahrungsdrang in unsere Arbeit einbeziehen,
- ihre jeweilige Konzentrationsfähigkeit einschätzen lernen und am besten immer einen „Plan B“ parat haben,
- flexibel sein
- und vor allem selbst Spaß an der Sache haben und von ihr selbst überzeugt sein. Kinder sind wie Seismographen: Sie spüren, wenn wir nicht selbst bei der Sache sind.

Kurz: Wer solche Kinderprogramme durchführt, hat eine Menge unterschiedlicher Aspekte zu beachten.
Diese Arbeit ist unschätzbar wertvoll und weitreichend.

1.2 Warum kommen Kinder in den Kindergottesdienst / zum Kinderprogramm?

Dies kann verschiedene Gründe haben:

- weil sie ihre Eltern begleiten und während des Erwachsenenprogramms extra beaufsichtigt/betreut werden (müssen).
- weil sie die Person gern mögen, die das Kinderprogramm durchführt.
- weil ihre Freunde zum Kindergottesdienst gehen bzw. am Kinderprogramm teilnehmen.
- weil ihnen das Kinderprogramm Spaß macht.
- weil sie mehr von Gott hören wollen.

Diese Kinderprogramme müssen keine Ersatzprogramme oder Aufbewahrungsorte sein! Sie bieten eine wunderbare Chance, ansteckend zu wirken, den Kindern in ihrer Sprache und in ihrer Erlebniswelt unsere eigene Begeisterung von Gott nahezubringen – ein Apostel zu sein.

Was, wenn Kinder so begeistert vom Kindergottesdienst oder -programm sind, dass sie nicht locker lassen und so lange quengeln, bis ihre Eltern sonntags mit ihnen zur Kirche gehen bzw. sie regelmäßig zu dem Kinderprogramm bringen oder es selbst durchführen? Das wäre eine Variante, die es wert ist anzustreben, oder?

Es ist keine Utopie und mit etwas Fantasie können wir es schaffen, dass die Kinder wirklich begeistert sind und mehr wollen, mehr von Gott und Jesus, mehr Gemeinschaft, mehr Miteinander, mehr Freude, mehr teilen, mehr ... Mehr mittendrin sein!

Also, was hält uns davon ab, die Kinder so von Gott zu begeistern, dass ihre Begeisterung Kreise zieht?
Auch Kinder können Apostel sein!

2. Gedanken und Ideen zu einer Liturgie

2.1 Sinn und Zweck von Liturgie

Um ehrlich zu sein, wenn ich früher das Wort Liturgie gehört habe, sind bei mir gleich ein paar negative Gedanken durch den Kopf gesaust: altbacken, uncool, Zwang, Uniformität waren nur einige davon.
Nun hat Älterwerden neben einigen Nachteilen auch den Vorteil, dass man mit der Zeit verschiedene Erfahrungen macht und manchmal auch ganz andere Aspekte zu Dingen kennenlernt, die man früher rundweg abgelehnt hat.

Hier eine kurze Definition von Liturgie:
„Die Liturgie umfasst das gesamte gottesdienstliche Geschehen: Gebet, Lesung und Verkündigung, Gesang, Gestik, Bewegung und Gewänder, liturgische Geräte, Symbole und Symbolhandlungen, die Spendung von Sakramenten und Sakramentalien." (zitiert aus: http://de.wikipedia.org/wiki/Liturgie)

Die unterschiedlichen Kirchen haben unterschiedliche Liturgien. Nun schreibe ich dieses Buch nicht für eine bestimmte Kirche, sondern so, dass hoffentlich jeder etwas darin finden kann, was er/sie anwenden möchte. Ich bitte daher um Nachsicht, wenn nicht jeder seine gewohnte Form oder Auffassung von Liturgie hier wiederfindet.

Und für die Freidenker: Wir haben in unserem Alltag viele Rituale, die wir für selbstverständlich halten: Man wünscht sich einen „Guten Tag!", eventuell mit Händedruck, man sagt „Auf Wiedersehen!", wir feiern Geburtstage und Neujahr usw. All diese Rituale besitzen einheitsstiftenden und einbindenden Charakter und fördern den Gruppenzusammenhalt und die Verständigung. Und das wollen wir bei den Kindern auch erreichen.

2.2 Wieso eine Liturgie für Kinder?

Kinder im Alter von 3 bis 6 Jahren leben mit und lernen von Wiederholungen. Sie können dieselbe Geschichte wieder und wieder hören, wollen wieder und wieder dasselbe Spiel spielen usw. Im Kindergarten haben sie eine festgesetzte Ordnung von Freispielzeit und festgelegtem Programm, von Stuhlkreisen u. a. m. Der äußere Rahmen wiederholt sich jeden Tag mit unterschiedlichem und manchmal auch gleichem Inhalt und gibt den Kindern Sicherheit und Geborgenheit. Sie wissen, was kommt, und haben das Gefühl, einen Teil des Tages selbst aktiv mitgestalten und kontrollieren zu können. Je kleiner die Kinder sind, desto wichtiger ist dieser äußere Rahmen einer Programmgestaltung.

Wenn wir einen äußeren Rahmen im Kindergarten haben, warum sollten wir nicht auch den Kindergottesdienst bzw. das Kinderprogramm so strukturieren, dass die Kinder einen sicheren Rahmen haben, den sie kennen und der ähnlich gestaltet sein kann wie der, den wir Erwachsenen im Gottesdienst haben? Dabei ist es wichtig, dass die Kinder den Hergang verstehen. Deshalb sollte man erklären, warum man was macht. Man muss dies mit altersentsprechenden, einfachen Worten tun.

3. Elemente einer Liturgie für Kinder – Ablauf des Kinderprogramms

3.1 Begrüßung

Um den persönlichen Kontakt zwischen allen Teilnehmern herzustellen, ist es wichtig, erst einmal das „Eis zu brechen". Man kann dazu eine Handpuppe nehmen, die die Kinder begrüßt, z. B. so:

Mitarbeiter: Guten Morgen, Kinder. Ich bin Anne und das hier ist mein kleiner Freund Fridolin. Er konnte es gar nicht erwarten, euch zu sehen, und hat mich die ganze Woche lang gefragt, wann denn endlich Sonntag ist! Ich sage euch, er kann einen ganz schön nerven. Aber er ist ein feiner Kerl und ... ja, Fridolin, jetzt bist du dran.

Handpuppe: Hallo Kinder! Mann, freu ich mich, dass ihr heute gekommen seid! Wisst ihr auch warum? Wenn ihr sonntags kommt, dann gibt es immer viel Spaß und ich krieg so schöne Geschichten von Gott zu hören. Jaaa! Aber bevor wir anfangen, muss ich doch erst einmal wissen, wie ihr alle heißt. Wie wär's, wenn jeder seinen Namen sagt und dazu noch etwas nennt, was er ganz besonders gern mag? Ich bin nämlich immer schrecklich neugierig! Einverstanden? Bitte, bitte lasst mich anfangen mit dem Vorstellen, ja? Oh, klasse! Also ich bin der Fridolin und wisst ihr, was ich gaaanz doll mag? Ich mag Semmelknödel!

Mitarbeiter: Gut gemacht, Fridolin. Ich heiße Anne und ich mag ...

Nun stellen sich die Kinder einzeln vor und sagen, was sie mögen. Dies können völlig unbefangen die verschiedensten Dinge sein wie: die Mama, der Hund, Pizza, Jesus ...

Reimspiel

Danach kann man ein Reimspiel mit Vorlieben machen. Dazu singt man folgenden Reim zum ersten Teil der Melodie von „Hänsel und Gretel“:

Willkommen, willkommen, willkommen hier im Kreis.
Die/der (Name des Kindes) mag (Kirschen, Schokolade usw.),
Alternativ: *Die/der... (Name des Kindes) kann... (hüpfen usw.),*
damit es jeder weiß.

Sag uns deinen Namen!

Zu der Melodie von „Bruder Jakob“ wird folgender Text gesungen:

Hallo du dort! Hallo du dort!	*(Mit dem Finger auf ein Kind zeigen.)*
Komm herein, komm herein!	(Das Kind steht auf, stellt sich in den Kreis.)
Sag uns deinen Namen,	
sag uns deinem Namen!	*(Das Kind nennt seinen Namen.)*
Das klingt fein! Das klingt fein!	

Ich kann dies und du kannst das!

Die Kinder stehen oder sitzen im Kreis. Man flüstert jedem Kind ins Ohr, was es gleich tun soll, z. B. springen / auf einem Bein stehen / Augen zwinkern / klatschen. Anschließend wird folgender Reim für jedes Kind aufgesagt:

Seht euch mal die/den ... (Name des Kindes) an,
was die/der ... (Name des Kindes) alles kann.
Sie/Er kann ... (Kind führt die Tätigkeit vor).
Oh, sie/er kann ... (Benennung der Tätigkeit) und alle machen mit!

Alle Kinder machen die Bewegung nach!

Mein rechter, rechter Platz ist leer

Alle Kinder sitzen im Kreis. Ein Platz bleibt frei, am besten rechts von der Leiterin, und man beginnt: *„Mein rechter, rechter Platz ist frei, da wünsch ich mir den/die ... herbei.“* Danach darf sich das Kind, das nun einen freien Platz auf seiner rechten Seite hat, ein anderes zu sich rufen usw.

Schuhsalat

Alle Teilnehmer stellen sich im Kreis auf und ziehen einen Schuh aus, den sie in die Kreismitte auf einen Haufen legen. Der letzte Teilnehmer mischt die Schuhe gut durch. Aus dem Kreis fragt das erste Kind seinen linken Nachbarn nach seinem Namen, geht in die Mitte und sucht den Schuh, von dem es meint, dass er dem linken Nachbarn passt. Es gibt den Schuh zurück und nennt dabei den Namen des Besitzers. Danach geht das nächste Kind los und sucht den passenden Schuh seines linken Partners usw.

Ballspiel

Alle stehen oder sitzen im Kreis. Ein Ball wird geworfen und das Kind, das den Ball fängt, sagt seinen eigenen Namen. Nach einer Weile kann man versuchen, dass der, der den Ball zu jemandem wirft, dessen Namen aufruft.

3.2 Kerze anzünden

Wenn alle „angekommen" sind und sich nicht mehr so fremd fühlen, ist der Zeitpunkt gekommen, eine Kerze anzuzünden. Das Licht der Kerze steht als Symbol, dass Gott mitten unter uns ist. Wenn man Kinder in der Gruppe hat, die groß genug sind, kann ihnen diese ehrenvolle Aufgabe des Kerze-Anzündens übergeben werden. Es ist immer ein feierlicher Akt und Kinder sind fasziniert vom Kerzenlicht (und nicht nur sie).

Dieser Part könnte etwa so aussehen:

„Jetzt haben wir schon etwas über uns alle gehört und uns ein wenig kennengelernt. Nun kann ich euch sagen, dass Gott Kinder ganz besonders lieb hat. Deshalb ist es so wichtig, dass wir euch von ihm erzählen, und das wollen wir heute wieder tun.

Es freut Gott sehr, wenn sich mehrere Erwachsene oder Kinder treffen und über das reden, was er mit uns Menschen und wir Menschen mit ihm schon so alles erlebt haben. All diese Geschichten finden wir in einem Buch, das wir die Bibel nennen.

Gott hat gesagt, dass er immer mitten unter uns ist, wenn wir uns so in seinem Namen treffen, mit ihm reden - also beten - und von ihm erzählen. Wir Menschen können Gott nicht sehen, deshalb wollen wir immer, wenn wir uns treffen, eine Kerze anzünden als ein Zeichen, dass er mitten unter uns ist."

3.3 Ein Loblied singen

(Materialtipp: CDs „Kinder feiern Jesus", erhältlich beim **BORN**-VERLAG)

Mitarbeiter: Und jetzt wollen wir Gott eine ganz besondere Freude machen. Wir wollen ihm ein Lied singen.

Singen macht Spaß, und wenn es Spaß macht, entspannt man sich dabei und öffnet sich für Neues. Gemeinsames Singen macht noch mehr Spaß und fördert das Gefühl von Gemeinschaft. Lieder können zu kleinen Ohrwürmern werden und uns auch noch begleiten, wenn wir schon lange den Kindergarten, die Kirche oder wo immer auch das Programm stattgefunden hat, verlassen haben. Lieder können am Anfang des Programms und/oder am Ende gesungen werden.

Kinder lieben einfache Lieder. Und noch einmal: Kinder im Alter von 3 bis 6 Jahren lieben Wiederholungen. Sie können Lieder wieder und wieder singen. Sie lernen durch Wiederholungen und verknüpfen so Inhalt und Verständnis. Zudem werden sie sicherer in ihrem Ausdruck - und wer mag es nicht, wenn er selbstsicher z. B. ein Lied mitsingen kann, anstatt nur die Melodie mitzusummen?
Das macht es in gewisser Weise einfacher, das Kinderprogramm zu gestalten, weil man „nur" ein beschränktes Repertoire an Liedern aufbauen muss, das - wenn es einmal von den Kindern akzeptiert ist - ruhig wieder und wieder benutzt werden kann.
Dies bezieht sich auch auf die gesamte Liturgie. Wiederholungen geben den Kindern Sicherheit. Sie wissen, was passiert, sie entspannen sich (wichtig, wenn Kinder von ihren Eltern getrennt sind, wie z. B. beim Kindergottesdienst - was Kinder unterschiedlich gut verkraften) und fühlen sich „on top".

Kinder lieben es auch, wenn man den Inhalt der Lieder durch Bewegungen verdeutlicht (z. B. „Er hält die ganze Welt": Man streckt die Arme hoch und führt sie im Kreis nach unten - „in der Hand": Man macht eine offene Schale mit seinen Händen).

3.4 Gebet

Beten ist nicht nur ein Wunschzettel an Gott. Beten heißt auch, Gott einzuladen, an allem teilzuhaben, was wir tun, ihm die schönen und weniger schönen Dinge, die wir erleben, zu erzählen, ihm zu danken für all das Gute, das uns geschieht. Wir Menschen sind oft so gestrickt, dass wir uns auf das Negative konzentrieren, wir müssen uns nur mal die Tagesnachrichten anschauen. Gute und positive Erfahrungen werden von uns mehr als selbstverständlich hingenommen - sie sind nicht der Rede wert. Es ist eine gute Übung für jeden Menschen, sich ab und zu einmal bewusst zu machen, was eigentlich alles gut läuft und wie dankbar wir dafür sein können. Ein Gebet eignet sich dazu ganz besonders gut.

Unser ganzes Leben kann sich sogar durch solch eine Fokusverschiebung verändern. Als Sozialarbeiterin sehe ich immer wieder, wie in ganzen Familien der Fokus auf Positives weiteres Positives nach sich ziehen kann. Wenn man dann nach einiger Zeit zurückschaut, sind die meisten erstaunt, was sich alles zum Guten verändert hat.
Bei Kindern ist das ganz besonders wichtig. Sie erleben häufig Zurechtweisung oder Kritik, wenn sie etwas verkehrt machen. Oft ist ein Lob für etwas, das sie gut gemacht haben, eher selten, weil die entsprechende Tat von den Erwachsenen für selbstverständlich gehalten wird.

Gott hat seinen Sohn in diese Welt geschickt, um uns zu erlösen. Wir sollten darüber nachdenken, ob wir daher nicht auch das Recht und sogar die Pflicht haben, uns über alle guten Dinge, die geschehen, zu freuen.

Das Gebet ist einerseits eine sehr individuelle Abgelegenheit - wir sprechen auf unsere Art und Weise mit Gott. Andererseits kann ein gemeinsames Gebet eine unglaublich starke Wirkung haben. Man kann die Gemeinsamkeit und Einheit praktisch erspüren, wenn viele Menschen ein gemeinsames Anliegen vor Gott bringen. Allgemeine Gebete oder individuelle, laut oder leise gesprochen - Gott hört sie alle. Entscheidend ist nur, ob unser Herz dabei ist.

Vorgegebenes Gebet

Gut sind einfache und verständliche kurze Gebete, die leicht zu behalten sind, die man Satz für Satz vorsagt und von den Kindern wiederholen lässt. Hier einige Beispiele.

Alles kann ich dir erzählen,
brauch die Worte nicht zu wählen
und das macht mich richtig froh.
Bin ich fröhlich, bist du mit mir.
Bin ich traurig, bist du bei mir.
Bin ich müde, gibst du acht.
Geh ich schlafen, hältst du Wacht!

Alles Gute, alles Schlechte erzähl ich dir und du verstehst,
weil du immer mit mir gehst.

Du lachst mit mir und weinst mit mir, hältst die Arme offen,
immer hast du für mich Zeit und du lässt mich hoffen.

Lieber Gott, pass auf mich auf, was auch kommen mag,
sei bei mir, beschütze mich heut den ganzen Tag.
Jeder Tag ist für mich neu,
so gemacht, dass ich mich freu.

Lieber Gott, ich danke dir,
dass du immer bist bei mir.

Ich bin niemals ganz alleine,
auch, wenn ich einmal ganz doll weine.
Du bist immer da für mich
und ich vertrau auf dich.

Du hast gemacht die ganze Welt,
Sonne, Mond und Sterne,
den Baum, die Blume, die gefällt,
den Regenbogen in der Ferne.
Die Tiere hast du auch gemacht, ja selbst den Regenwurm,
dazu die Wolken und den Wind, den Regen und den Sturm.
Die Vögel und die Schmetterlinge, die Bienchen, Käferlein,
die spielen jeden Tag im schönen Sonnenschein.
Und alles das lässt du mich schaun, damit ich glücklich werde,
denn du hast auch mich gemacht auf dieser Erde.
Ich danke dir für jeden Tag, den du mir schenkst,
und freue mich so sehr, dass du an mich denkst.

Das Vaterunser, das uns von Jesus gegeben wurde, wird später in einem Stundenentwurf behandelt (siehe Seite 21).
Alternativ zu einem vorgegebenen Gebet kann man eines der Kinder bitten, ein Gebet zu sprechen. Das ist immer ein großes Erlebnis, weil die Scheu überwunden wird, vor anderen zu beten.

Freies Gebet

Man fragt die Kinder, ob jemand etwas besonders Schönes oder besonders Trauriges in der letzten Woche erlebt hat und ob man es zusammen Gott erzählen soll, oder ob jemand etwas Wichtiges hat, wofür er mit allen zusammen beten möchte (z. B. jemand ist krank, jemand verreist usw.).

Zwei Ideen zur Durchführung

- Man kann mit den Kindern in einem Kreis stehen. Jeder fasst die Hände seines jeweiligen Nachbarn. Man kann die Kinder bitten, die Augen zu schließen, aber man soll nicht darauf beharren, weil es einigen Kindern Angst machen kann, nicht visuell über alles im Bilde zu sein, was um sie herum vorgeht. Man darf nicht vergessen, dass die Kinder vielleicht von ihren Eltern getrennt sind und somit einen großen Unsicherheitsfaktor verarbeiten müssen. Generell ist es einfacher, sich zu konzentrieren, wenn man die Augen schließt, aber das klappt nur, wenn man sich dabei auch sicher fühlt.

• Eine Variante: Alle sitzen auf Kissen in einem Kreis auf dem Boden. Die Hände falten oder zusammenlegen und ggf. die Augen schließen. Entweder der Leiter oder ein Kind betet und alle zusammen sagen am Schluss „Amen". Amen heißt: „So sei es." Wir stimmen dem Gesagten vollkommen zu, so wie man einen Vertrag mit einer Unterschrift besiegelt.

Wenn es uns gelingt, den Kindern das Beten nahezubringen, haben wir ein wunderbares Ziel erreicht. Die Kinder können sich dann „mittendrin" fühlen - geborgen, beschützt, verstanden.

Die Haltung

Es gibt sehr verschiedene Empfindungen, wie wir Gott „sehen": als Autorität, als Vater, freundlich, verständnisvoll, strafend. Dementsprechend mag auch die Haltung, die wir beim Beten einnehmen, verschieden sein. Z. B. ist das Stehen vor Gott mit geöffneten Armen, erhobenen Händen und Augen kennzeichnend für das christliche Beten der Alten Kirche. Das Falten der Hände kommt aus dem Mittelalter, wo Vasallen und Knappen ihrem Ritter oder Lehnsherren auf den Knien mit zusammengefalteten Händen ewige Treue schworen. Im 13. Jahrhundert, unter dem Pontifikat von Gregor IX., setzte es sich auch als Bethaltung in der Kirche durch. Die zusammengelegten Hände sollten für innere Sammlung und erhöhte Konzentration sorgen. Das Gebet mit verschränkten Fingern kam erst in der Reformation auf. Katholische Christen beginnen das persönliche Gebet oft mit dem Kreuzzeichen und den Worten „Im Namen des Vaters und des Sohnes und des Heiligen Geistes", die wir von der Taufe kennen.

So individuell, wie die Art des Gebets sein kann, so individuell ist auch die Haltung, die man zum Beten einnehmen kann. Es gibt Hilfen, sich zu konzentrieren - wie Hände falten oder Hände zusammenlegen, Öffnen der Hände zum Himmel, gegenseitig Hände fassen, niederknien, Kopf senken oder Kopf zum Himmel wenden. All dies kann helfen, die ständig abschweifenden Gedanken auf das Gespräch mit Gott zu fokussieren. Kindern geht das nicht anders als uns Erwachsenen. Auch ihre Gedanken flitzen vom Nachmittagsbesuch beim Freund zum nicht gefundenen Spielzeug, zu der Strafpredigt, die man zu Hause bekam, weil man Marmelade auf die saubere Hose gekleckert hat usw. Die Gedanken sind überall.

Für ein Kinderprogramm ist es wichtig, dass man selbst von seiner Art überzeugt ist und so das Beten ganz selbstverständlich und frei von Zwang ist. Man kann die Kindern fragen, wie sie zu Hause beten und dass sie es hier genauso machen können. Man kann sie fragen, ob es für sie in Ordnung ist, wenn sie die Augen schließen, weil es dann einfacher ist zu beten. Aber es ist kein Drama, wenn ein Kind da nicht mitmacht.
Warum mache ich so viele Worte um das Beten? Kinder sind kleine Seismographen, die mit großer Treffsicherheit spüren, was wir in Wirklichkeit denken, ob wir wirklich meinen, was wir sagen.

Ein Kinderprogramm über die Geschichten in der Bibel kann kleine positive „Tsunamis" auslösen, die nicht nur die Kinder mit sich nehmen, sondern auch weitere Kreise ziehen können. In jedem Fall wird man auf den kleinen Kinderseelen Eindrücke hinterlassen – Eindrücke, die sie mehr oder weniger das ganze Leben lang begleiten werden. Deshalb sind solche Programme so wichtig.

3.5 Geschichte mit Aktivität

Generell zur Durchführung in Gruppen

Kinder fühlen sich wohl, wenn sie in einen freundlichen Raum kommen. Ihre Aufmerksamkeit sollte nicht durch zu viel Inventar abgelenkt werden, also möglichst wenig Möbel und viel Bewegungsfreiheit. Wenn möglich, ist es schön, wenn die Kinder ihre Bilder und Kunstwerke im Raum finden (falls sie sie nicht mit nach Hause genommen haben). Ein Regal, auf dem man Basteleien ausstellen kann, ist auch praktisch.

Man kann einen kleinen Altar aufbauen, auf dem Tücher in leuchtend fröhlichen Farben entsprechend der Feste liegen:

- Grün als Farbe der Hoffnung, des Reifens und Wachsens, z. B. Erntedank.
- Rot als Farbe des Feuers und des Blutes z. B. an Pfingsten.
- Violett als Farbe der Ruhe und des Nachdenkens – vor allem hohe Feste, z. B. Advent und Passion.
- Weiß als Farbe des Lichts und der Freude, die Jesus in unsere Welt gebracht hat.

Ein einfaches Kreuz, eine große Kerze (können auch mehrere sein) und ein schöner Blumenstrauß, grüne Ranken oder bunte Blätter können den Altar verschönern.
Egal ob bei einer Gruppenaktivität oder im engsten Familienkreis, es ist einfacher, die Aufmerksamkeit der Kinder während der Erzählung der Geschichte zu erhalten, wenn man das Umfeld bezüglich Bewegungsmöglichkeiten und visueller Ablenkung etwas begrenzt. Dazu wählt man vorzugsweise eine Ecke im Raum als Kuschel- und Geschichtenecke. Hier platziert man eine große Decke auf dem Boden und eine Menge Kissen.
Wenn man kann und möchte, kann man auch eine Art Geschichten-Zelt bauen. In manchen Geschichten wird die gewohnte Geschichtenecke mit Hilfe der Kinder in die Geschichte integriert (z. B. bei Noah im Boot, siehe Seite 30).
Als Vorlage zum Vorlesen der Geschichten eignet sich die Neukirchener Kinder-Bibel bzw. Das große Bibel-Bilderbuch, die leicht verständlich geschrieben sind. Außerdem sind auch weitere schöne Bilderbücher zu einzelnen Themen jeweils am Anfang des Stundenentwurfs erwähnt.

Bilder, die von den Kindern selbst nach ihrer Vorstellung gemalt werden, sind immer einem Ausmalen von Malvorlagen vorzuziehen. Die Malvorlagen gehören also immer zu „Plan B", wenn z. B. zu wenig Zeit ist. Das Ausmalen von Mandalas dagegen kann Kindern helfen, sich zu konzentrieren und zur Ruhe zu kommen. Deshalb werden Mandalas auch gern in Therapien angewandt. Vorzugsweise werden sie von außen nach innen ausgemalt, weil sie so den Maler aus der Vielfalt des Umfelds zum Kern und somit zu seiner Mitte führen können. Aber das ist kein „Muss".

52 Beispiele für Geschichten und Aktivitäten sind ab Seite 21 aufgeführt.

3.6 Schlussgebet

Das Schlussgebet ist immer auf den Inhalt der jeweiligen Geschichte bezogen und schließt die Geschichte und Aktivität ab. Man findet die Schlussgebete am Schluss des jeweiligen Programmvorschlags.

3.7 Opfergabe einmal anders

Irgendwie kann ich mich mit der üblichen, finanziellen Opfergabe nicht anfreunden. In Bezug auf Kinder schon gar nicht. Geld ist für mich zu unpersönlich. Wenn Kinder Geld als „Opfergabe" geben, haben sie noch weniger

Bezug dazu als wir Erwachsenen. Sie haben es meist ja nicht selbst verdient, sondern bekommen es von den Eltern mit.
Was möchte man mit der Opfergabe erreichen? Ist es nicht so, dass man etwas von sich geben will, etwas, das für einen wertvoll ist und das jemand anderem guttut oder freut?
Man könnte die Kinder fragen, dass sie sich überlegen sollen, wem sie womit eine Freude machen/helfen können. Z. B. können sie ein Bild malen oder einen Blumenstrauß pflücken und jemandem schenken, die kranke Nachbarin besuchen, eine Extraaufgabe im Haushalt übernehmen, um Mama oder Papa zu entlasten (Tisch decken o. Ä.), dem Freund das Spielzeug leihen, mit dem er so gern spielt ...
Man kann Zettel vorbereiten, auf die man die Ideen der Kinder aufschreibt/aufschreiben lässt bzw. ein kleines Bild aufmalt, das das Kind versteht. Diesen Zettel nehmen die Kinder als kleine Gedächtnisstütze mit nach Hause, damit sie ihr „Opfer" nicht vergessen.
Ein solches „Opfer" ist etwas Persönliches, das Kreise zieht und Gemeinschaft bewusst macht und fördert.

3.8 Segen

Segnen bedeutet, einen Menschen in die Nähe Gottes zu rücken, ihm Gutes zu tun und zu wünschen. Eltern segnen ihre Kinder (früher mehr als heute). Der Segen dient dazu, einen guten Abschluss und Übergang zu ermöglichen. Er passt gut an den Schluss des Programms in Stehkreisen, bei denen sich alle bei den Händen fassen.

Kurze Segenssprüche

Gott segne und schütze dich!
Gott ist das Licht auf allen deinen Wegen.

Gemeinsamer Segensspruch

Lieber Gott, segne diesen Tag,	*(alle Hände malen von links nach rechts einen großen Halbkreis)*
sei bei unserm Tun mit dabei,	*(alle klatschen in die Hände)*
segne diesen Tag.	*(alle Hände malen von links nach rechts einen großen Halbkreis)*
Lieber Gott, segne unsern Weg,	*(alle gehen auf der Stelle)*
sei auf unserm Weg mit dabei,	*(alle klatschen in die Hände)*
segne unsern Weg.	*(alle gehen auf der Stelle)*

52 Einstiegsideen

1. Das Vaterunser

Bibeltext: Matthäus 6,9-13

Bilderbücher zum Thema
Grosche, Erwin: Felicitas, Herr Riese und das Vaterunser
Ros, Dietmar: Das Vaterunser den Kindern erzählt

Gedanken zum Thema

Das Vaterunser ist das bekannteste Gebet der Christen und das einzige, das Jesus seinen Jüngern zu beten gelehrt hat. Fast alle Christen beten das Vaterunser.
Die gegenwärtige ökumenische Fassung (1970) lautet:

Vater unser im Himmel.
Geheiligt werde dein Name.
Dein Reich komme.
Dein Wille geschehe,
wie im Himmel, so auf Erden.
Unser tägliches Brot gib uns heute,
und vergib uns unsere Schuld,
wie auch wir vergeben unsern Schuldigern.
Und führe uns nicht in Versuchung,
sondern erlöse uns von dem Bösen.
Denn dein ist das Reich und die Kraft und die Herrlichkeit in Ewigkeit.
Amen.

Das Vaterunser ist ein Gebet, das in wenigen Worten alles sagt, was wichtig ist. Vielleicht hat es deshalb den Zugang in alle verschiedenen Zweige des Christentums gefunden. Es gehört eigentlich nicht in die Kategorie der Kindergebete, weil Kinder es nicht so leicht verstehen werden. Trotzdem denke ich, dass man es mit Kindern beten kann, vor allem, wenn man die vorgeschlagene Aktivität am Schluss macht.

Bevor man es den Kindern nahebringt, ist es wichtig, dass man sich erst einmal selbst mit dem Gebet auseinandersetzt. Mir persönlich hat dieses Gebet in vielen schwierigen Situationen geholfen.

Im Folgenden ein paar Gedanken zum Vaterunser

Bei vorgegebenen Gebeten passiert es oft, dass man sie einfach „dahersagt", weil man sie auswendig so gut kennt. Man kann einen ganz anderen Zugang dazu bekommen, wenn man das Gebet einfach Satz für Satz durchgeht, sich Gedanken über die Bedeutung macht und sich dabei Zeit nimmt.

• Das Vaterunser besteht aus dem Bekenntnis, dass wir an einen Schöpfer glauben, der uns alle und alles gemacht hat und unser Vater ist. Gott ist übergreifend, er ist in, um und über allem, er ist mehr als alles und er ist in einem größeren Raum, als wir es uns das je vorstellen können.
• Wir können ihm keinen Namen geben und haben somit keinerlei Macht über ihn. Vielmehr ist es umgekehrt: In der Taufe ruft er uns beim Namen und darum gehören wir zu ihm.
• Unsere Hoffnung ist, dass sein Reich der Liebe, Hoffnung und Vergebung kommt.
• Weil wir den großen Gesamtplan nicht kennen, müssen wir uns damit abfinden, dass sein Wille geschieht – in unserer beschränkten kleinen Welt genauso wie im größeren Zusammenhang. Das ist eines der schwersten Dinge für uns – nicht unser eigener Wille ist ausschlaggebend, sondern Gott ist mehr und weiß mehr.
• Wir bitten Gott für die Dinge, die wir für unser Überleben brauchen, damit wir nicht hungern müssen.
• Wir bitten ihn, uns unsere Schuld zu vergeben. Niemand ist perfekt! Es gibt keinen einzigen Menschen auf der Welt, der keine Fehler macht. Wenn diese Fehler nicht umsonst sein sollen, müssen wir sie zugeben und versuchen, daraus zu lernen. Es ist ein Prozess, der das Negative ins Positive wandelt. Es ist die Vergebung Gottes, die uns diese Einsicht schenken kann.
• Und dann kommt der einzige aktive Teil, den wir Gott im Gegenzug anbieten. Unser Part im gesamten Gebet ist: Wir vergeben denen, die uns Unrecht getan haben. Es ist nur ein einziger Part, aber es ist einer, mit dem wir uns alle unendlich schwertun. Unsere Vergebungsbereitschaft entscheidet, ob Hass, Missgunst und Verderben gedeihen oder Vertrauen, Hoffnung und Liebe einen Neuanfang ermöglichen – so wie Gott immer wieder mit uns einen Neuanfang macht. Manchmal müssen wir uns erst selbst vergeben, um anderen vergeben zu können.

• Um diesen Part erfüllen zu können, bitten wir weiter, dass Gott die Versuchung, z. B. nur den eigenen Vorteil zu suchen, von uns nimmt und dass er uns von dem Bösen befreit.
• Das Vaterunser endet mit unserem Vertrauen darauf, dass Gott das alles tun kann, weil er allmächtig ist.

Es geht darum, dieses wichtige Gebet den Kindern nahezubringen, und nicht darum, es auswendig zu lernen! Wichtig ist, dass man an die Erlebniswelt der Kinder anknüpft. Die ist sehr unterschiedlich und abhängig davon, ob die Kinder in einer Großstadt leben, wo sie Bettler auf der Straße erleben können, oder in einer Kleinstadt oder auf dem Land, wo noch ein direkterer Bezug dazu besteht, wo unsere Nahrungsmittel herkommen. Aber alle Kinder werden Streitereien und das Gefühl kennen, wütend auf jemanden zu sein. Manchmal ist man sogar wütend und weiß gar nicht genau, warum. Und alle werden erfahren haben, wie erleichtert sie sind, wenn sie etwas falsch gemacht haben und man ihnen trotzdem vergeben hat. Alle kennen den Unterschied, wie man sich fühlt, wenn man Wut im Bauch hat, und wie man sich fühlt, wenn man vor Freude hüpfen könnte.

Weil Vergeben unser Part im Vaterunser ist, geht die folgende Aktivität auch in diese Richtung: Gott hat uns den Regenbogen als Zeichen seiner Versöhnung/Vergebung geschenkt.

Aktivität: Seifenblasen

In die Seifenblasen pusten wie unsere Gedanken.

Material

Entweder man kauft die fertigen Seifenblasen, die man im Anschluss den Kindern mit nach Hause gibt, oder man macht die Lösung und Pusteringe selbst.

Rezept für Seifenblasen selbstgemacht

• 180 ml Spülmittel in
• 1,5 l Wasser auflösen.
• 240 ml Glycerin (bekommt man in der Apotheke) hinzufügen.
• Einen Pfeifenreiniger am Ende zu einem Ring formen, dieser dient zum Durchpusten und Blasen-Machen.
• Man kann auch Riesenseifenblasen im Freien mit Ringen machen, die man aus Draht formt und an einem Besenstiel befestigt. Diese Metallringe kann man mit Stoffresten umwickeln, die wiederum mit einem Faden umwickelt

und verknotet werden. So kann mehr Flüssigkeit vom Ring aufgenommen werden. Als Behälter für die Seifenblasenlösung eignet sich jede flache Wanne oder Schüssel.

Rezept für eine kleinere Menge
1 Tasse Wasser, 2 EL Glycerin, 4 EL Spülmittel

Durchführung

Fällt uns jemand ein, auf den wir wütend sind? Z. B. eine Schwester, die etwas von uns kaputt gemacht hat, ein Bruder, der uns nicht mit seiner neuen Eisenbahn spielen lässt, ein Freund, der sein Versprechen nicht gehalten hat, eine Tante, die einen zwingt, „ekliges" Essen zu essen? Vielleicht haben wir auch selbst ein schlechtes Gewissen, weil wir etwas getan haben, das noch keiner weiß.

Jeder hält an seinen wütenden Gedanken kurz fest. Dann pusten alle ihre Gedanken bewusst in die Seifenblasen. Alle schauen ihren ärgerlichen Gedanken in den Seifenblasen nach, wie sie davonsegeln, eingepackt in schillernde Regenbogenfarben - dem Zeichen der Vergebung. Alle sehen zu, wie sie vergehen, platzen, verschwinden.

Danach setzt man sich zusammen und überlegt, wie man mit demjenigen, auf den man sauer war, wieder Frieden schließen kann. Man kann einfach hingehen und sagen: „Lass uns wieder Freunde sein!", oder „Schwamm drüber!" Oder man kann sich eine Freude ausdenken, die man der Person machen kann. Man kann dann auch ruhig sagen, warum man sauer oder unglücklich war, damit der andere auch weiß, warum alles ein wenig schiefgelaufen ist. Wichtig ist, dass man wieder miteinander redet und keinen Groll mehr hegt.

Abschlussgebet

Lieber Gott,
bitte hilf uns, wenn etwas unfair ist, wenn wir wütend auf andere sind.
Hilf uns, dass wir vergeben können.
Hilf uns, dass wir wieder Frieden mit anderen schließen können.
Bitte hilf uns, dass unsere Wut wie eine Seifenblase zerplatzt und wir uns wieder glücklich und froh fühlen können.
Bitte behüte uns und unsere Familien.
Amen.

2. Schöpfungsgeschichte

Bibeltext: 1. Mose 1 und 2,1-4

Bilderbücher zum Thema
Die Schöpfungsgeschichte findet man kindgerecht wiedergegeben z. B. in
Hübner, Franz: Die Schöpfungsgeschichte für Kinder
Kasuya, Masahiro: Schöpfung
Kasuya, Masahiro: Es werde Licht!
Weth, Irmgard: Neukirchener Kinder-Bibel

Gedanken zum Thema

Es gibt zwei Schöpfungsgeschichten, die außerdem auch noch sehr verschieden in ihren Schwerpunkten sind. Die erste steht in 1. Mose 1,1 – 2,4, die zweite findet man in 1. Mose 2,5-25. Dieser Stundenentwurf konzentriert sich auf die erste Schöpfungsgeschichte.

Sie erzählt mehr oder weniger die Entwicklungsgeschichte der Erde. Diese Tatsache ist für mich um so erstaunlicher, da die Verse der Schöpfungsgeschichte wohl in der Zeit der israelischen Gefangenschaft in Babylon unter König Nebukadnezar geschrieben wurden (598 v. Chr. - 539 v. Chr.), in der noch kein Forscher mit hochtechnischer Ausrüstung genaue Daten über die Entwicklungsgeschichte unseres Planeten gefunden hatte.

So kam wohl zuerst das Licht, Wasser bedeckte unseren Planeten, bevor es sich in die Meere zurückzog, Meereslebewesen kamen vor den Landlebewesen und den Vögeln und der Mensch wird von der Evolution als das jüngste Glied angesehen.

Aktivität: Topfschlagen spielen

In dem Topf sind die Bilder zu den einzelnen Schöpfungstagen zu finden, die dann in der Geschichte gebraucht werden.

Material

- Tuch zum Augenverbinden
- Kochlöffel
- größeren Topf mit einem Deckel, in den man die nachfolgenden Kopien legt (außer dem weißen Blatt für den Tag und dem schwarzen für die Nacht)
- Buntstifte, Wachsmalstifte oder Filzstifte, wenn man nach der Geschichte noch genügend Zeit zum Ausmalen der Bilder hat
- folgende Kopien von Bildern – am besten auf etwas dickerem Papier, damit sie nicht so schnell verknittern, wenn die Kinder sie in den Händen halten:

- ein weißes Blatt Papier für den Tag und ein schwarzes Blatt Papier für die Nacht (Kopiererdeckel einfach offen lassen und ohne Vorlage eine Kopie machen). Das schwarze und weiße Blatt nimmt der Erzähler selbst, weil sie nicht angemalt werden.

- Die nachfolgenden Bilder legt man in den Topf, abhängig von der Anzahl der Kinder kann man mehrere Sterne, Fische, Vögel oder Säugetiere kopieren.

Himmel mit Wölkchen (2. Tag)

Meer (3. Tag)

Landschaft (3. Tag)

Sonne (4. Tag)

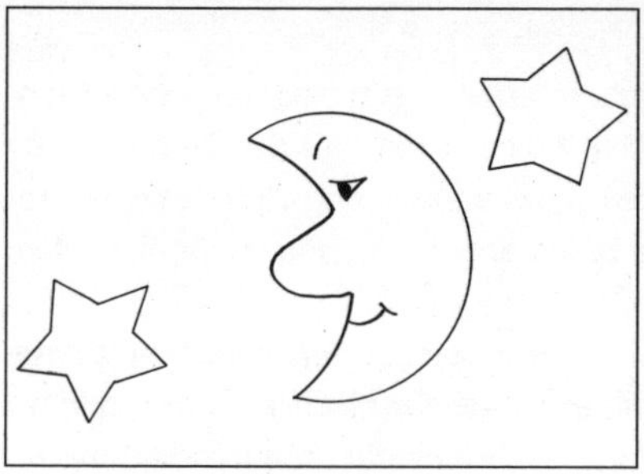

Mond und Sterne (4. Tag)

Fisch (5. Tag)

Vogel (5. Tag)

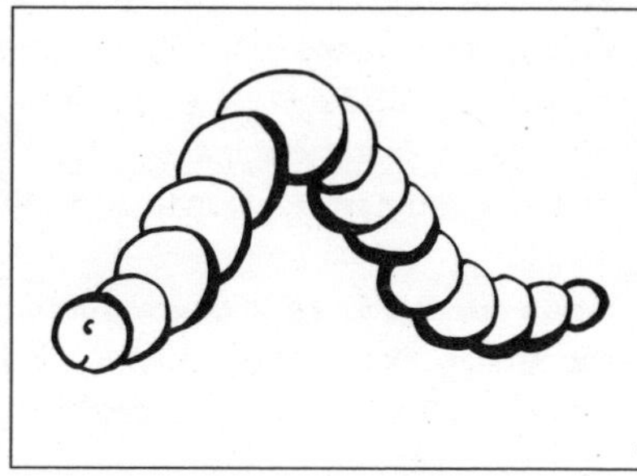

Wurm (6. Tag)

Bär (6. Tag)

Kirche (7. Tag)

Mann und Frau (6. Tag)

Durchführung

Man wählt den ersten Freiwilligen, der die Augen verbunden und den Kochlöffel in die Hand bekommt und auf den Knien rutschend den Topf mit den ersten Hinweisen zur Geschichte finden darf. Sobald er mit dem Kochlöffel den Topf berührt hat, darf er die Augenbinde abnehmen und ein Bild aus dem Topf holen.
Man bittet die Kinder, die Bilder auf ihr Sitzkissen zu legen oder gut festzuhalten, weil man nach dem Topfschlagen eine Geschichte zu den Bildern erzählen wird. Dabei haben die Kinder die wichtige Rolle, die richtigen Bilder zum richtigen Zeitpunkt hochzuhalten, sodass alle sie sehen können.
Man kann bei vielen Kindern den Bereich, in dem der Topf gesucht wird, verkleinern, sodass jeder relativ schnell den Topf findet und es nicht zu zeitraubend wird. Bei wenigen Kindern kommt entweder jeder mehrmals dran oder jeder darf mehr als ein Bild aus dem Topf nehmen. Wenn das alles zu zeitaufwendig ist, kann man auch die Bilder verdeckt ziehen lassen.

Wenn alle Bilder gefunden wurden, geht es in die Kuschel-Vorlese-Ecke und die Kinder hören die Geschichte. Jedesmal, wenn vorgelesen wird, was Gott Neues erschaffen hat, hält das Kind das passende Bild hoch, das es im Topf gefunden hat, sodass alle es ansehen können.
Wenn nach der Geschichte noch Zeit ist, können die Kinder die Bilder anmalen. Auf jeden Fall dürfen die Kinder entscheiden, ob sie ihr Bild im Raum aufhängen oder mit nach Hause nehmen wollen.

Alternative Aktivität: Natur betrachten

Material

- ein Stück ausgestochenen Rasen

Durchführung

Mit dem Spaten ein Stück aus einer Wiese ausstechen (wenn möglich kein „englischer“ Rasen, weil der zu langweilig ist). Gemeinsam mit den Kindern betrachten wir, welche Pflanzen auf diesem kleinen Stück Erde wachsen und wie die Wurzeln der Pflanzen sich in die Erde bohren. Der Mitarbeiter erzählt, dass die Pflanzen mit den Wurzeln essen, damit sie wachsen können, dass die Pflanzen das Licht brauchen, um über der Erde zu wachsen, und dass man bei manchen Blumen sehen kann, wie sie ihre Köpfe während des Tages der Sonne nachdrehen (z. B. bei den Sonnenblumen). Vielleicht hat man auch einen

Regenwurm und kann erzählen, wie wichtig selbst so ein kleiner Wurm ist, weil er nicht nur die Zutaten für das Essen macht, das die Erde den Pflanzen bereitet. Sondern er gräbt auch die Erde um und macht sie schön locker, damit es die Wurzeln der Pflanzen einfach haben und sich nicht mühselig durch harte Erde drängeln müssen.

Wenn die Blumen und das Gras blühen, kommen die Schmetterlinge und Bienen und krabbeln auf den Blüten, die so befruchtete Samen bilden, damit mehr Gras und Blumen wachsen können. Das Gras wird z. B. von Kühen gefressen, die uns Milch geben, oder von Schafen, die uns Wolle geben, damit wir daraus warme Decken oder Pullover machen können. Aber alle brauchen Wasser und Licht zum Wachsen und Gedeihen.

Die Schöpfung ist ein solch perfekter Plan, dass wir nur staunen können. Wir haben sie noch lange nicht begriffen, sonst würden wir wohl kaum mit unseren Erfindungen diesen perfekten Plan stören.

Abschlussgebet

Lieber Gott,
danke, dass du die Erde so wunderschön gemacht hast:
all die vielen Blumen und Bäume, die vielen Tiere, das Wasser, die Wiesen, die Sonne, den Mond und die Sterne und uns Menschen.
Lieber Gott, vielen Dank für all die lieben Menschen, die ich kenne.
Bitte pass gut auf sie und mich auf.
Amen.

3. Noah

Bibeltext: 1. Mose 6 - 9

Bilderbücher zum Thema
Lindermann, Karin: Die Arche Noah
Weth, Irmgard: Neukirchener Kinder-Bibel

Gedanken zum Thema

In beiden vorgeschlagenen Bilderbüchern liegt der Fokus auf dem positiven Ende der Geschichte: Gott hat sich mit den Menschen wieder versöhnt. Sie haben eine Menge schlimmer Sachen gemacht und ihn ganz vergessen - außer Noah und seine Familie. Die haben immer mit Gott geredet und versucht, die anderen davon zu überzeugen, dass sie auf Gott hören sollen. Gott hatte Noah, seine Familie und die Tiere gerettet, damit wir Menschen noch einmal von vorn anfangen können.

Gott hat uns Menschen vergeben und uns einen Regenbogen als Zeichen geschickt - eine leuchtende bunte Brücke zwischen Himmel und Erde. Alle Menschen machen Fehler - auch ich, jeder, der dies liest, und auch die Kinder. Kinder werden dann oft von den Eltern geschimpft. Aber die Eltern haben die Kinder trotzdem lieb und vergeben ihnen. Besonders Kinder dürfen wieder neu anfangen, so wie Gott uns das mit dem Regenbogen versprochen hat.

Aktivität: eine „Arche" bauen

Material

- der Größe der Gruppe entsprechend viele Stühle
- große Tücher
- (langer) Pappkarton als Steg
- Sitzkissen
- Memory-Kartenpaare von Tieren
- einen Korb oder Topf, in den man die Karten legt (kann auch eine Einkaufstasche sein)

Durchführung

Man lässt die Kinder eine Anzahl Stühle so zusammenrücken, dass die Lehnen und hohen Seiten nach innen gerichtet sind und sie einen geräumigen, ovalen Innenraum bilden. Dann hängt man Tücher über die Stühle. So entsteht eine bauchige Außenseite. Zwischen zwei Stühlen an einer der längeren Seiten bleibt eine größere Lücke, eine Öffnung, durch die man das Boot besteigen kann. Der lange flachgedrückte Pappkarton wird als „Planke“ oder „Laufsteg“ in diese verbleibende Öffnung zwischen den Stühlen gelegt. Dank der gemeinsamen Anstrengung von allen wird so ganz schnell ein gemütliches Boot gebaut. Um es noch gemütlicher zu machen, kann man Sitzkissen hineinlegen.

Den ersten Teil der Geschichte erzählt man in der Geschichtenecke. Wenn in der Geschichte davon erzählt wird, dass Noah die Tiere an Bord lässt, dürfen die Kinder aus dem Korb eine Memory-Karte ziehen. Jeder sucht seinen Partner, der die gleiche Karte hat. Alle stellen sich paarweise Hände haltend in eine Reihe. Die Paare gehen langsam an Bord, während man den Kommentator dazu macht, z. B.: „Zuerst gingen die Elefanten mit langsamen, schweren Schritten an Bord. Ihnen folgten die Löwen, die dabei hochmütig nach rechts und links schauten und leise fauchten. Dann kamen die Frösche, die gemeinsam an Bord hüpften ...“ Man kann auch ein Tamburin schlagen oder in die Hände klatschen, um anzuzeigen, ob es sich um lange, schwere Schritte, Trippeln usw. handelt.

Wenn alle an Bord sind und es sich gemütlich gemacht haben, wird die Geschichte von Noah weitererzählt.
Wenn man nach der Erzählung noch Zeit hat, kann man die Kinder aus Papier ein Schiff falten lassen, das sie mit nach Hause nehmen dürfen.
Falls noch mehr Zeit zur Verfügung steht, kann man die Schiffe bunt anmalen.

Abschlussgebet

Lieber Gott,
danke, dass du Noah und seine Familie und die Tiere gerettet hast
und dass du uns Menschen immer wieder vergibst.
Bitte behüte uns und unsere Familien.
Amen.

4. Turmbau zu Babel

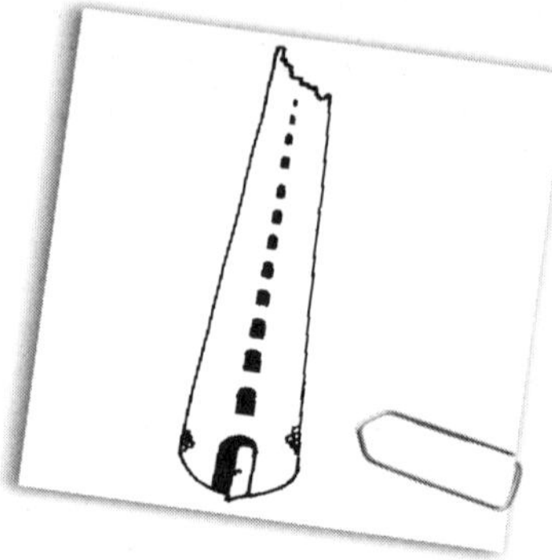

Bibeltext: 1. Mose 11,1-9

Bilderbücher zum Thema
Kasuya, Masahiro: Der große Turm
Weth, Irmgard: Neukirchener Kinder-Bibel

Gedanken zum Thema

Es ist eigentlich eine sehr traurige Geschichte, deshalb möchte ich einen kleinen Bogen spannen und eine Möglichkeit aufzeigen, wie wir sie Kindern verständlich machen können.
Man kann die Kinder fragen, was sie am liebsten mögen (Lollis, Eis, Schokolade usw.). Wie ist das nun, wenn die Kinder so viel Süßes haben könnten, wie sie wollten? Sie würden sehr wahrscheinlich so viel Süßes essen, bis sie Bauchweh bekommen. Wenn wir ehrlich sind: Sagen wir von uns aus „Stopp!“, wenn wir mehr bekommen könnten?
Wer hat noch nicht erlebt, dass man mehr wollte, mehr Spielzeug, mehr Stifte, einen schöneren Ball, einen größeren Geburtstagskuchen? Wann sind wir zufrieden: mit einem Lolli? Mit zwei, drei ...?
Aber wenn wir ehrlich sind, was ist das Schönste, an das wir uns erinnern? Wann fühlen wir uns richtig wohl? Im warmen, kuscheligen Bett, wenn Mama oder Papa uns eine Geschichte erzählt? Oder wenn die ganze Familie ein Spiel spielt? Oder wenn alle zusammen ein Picknick machen?
Mehr Haben macht uns nicht wirklich glücklich, mehr Erleben mit Menschen, die wir lieben, schon.

Aktivität: Turm bauen

Wenn die Kinder die Geschichte und auch die nachdenklichen Gedanken dazu gehört haben, kann man zu einer Spaß-Aktion überleiten: einen „Turm zu Babel“ so hoch bauen, bis er umfällt.

Materialien

- *Variante 1:* Bauklötze aus Holz oder Lego/Duplosteine (dauert lange) oder Pappkartons (baut sich schnell)
- *Variante 2:* Bierdeckel für die älteren Kinder (5-6 Jahre)
- *Variante 3 (falls nur wenige Kinder da sind):* Jenga-Spiel

Durchführung

Wir bauen einen Turm so hoch, bis er umfällt.

Variante 1 und 2

Man kann eine Menge Spaß haben, wenn man herausbekommen will, wie hoch man einen Turm aus dem gewählten Material (Bauklötze, Duplosteine oder Pappkartons, Bierdeckeln) bauen kann, bevor er umfällt.

Variante 3

Oder man kann seine Geschicklichkeit mit der Statik messen, wenn man ein Jenga-Spiel macht.

Bitte nicht vergessen: Kinder lieben es oft, solche Türme wieder und wieder aufzubauen und umzustoßen bzw. sie zusammenfallen zu sehen. Je lautstarker die Untermalung des Zusammenbruchs ist, desto mehr Spaß macht es. Man kann auch einen Freuden-Hüpftanz von dem Kind aufführen lassen, das den letzten Block gelegt hat, der den Turm dann zusammenstürzen lässt.

Abschlussgebet

Lieber Gott,
bitte vergib uns, wenn wir manchmal nicht genug haben können.
Danke für die schöne Zeit, die wir mit Mama und Papa
und mit unseren Freunden verbringen können.
Bitte behüte uns und unsere Familien.
Amen.

5. Mose – Geburt und Rettung

Bibeltext: 2. Mose 2

Bilderbücher zum Thema
de Kort, Kees: Das große Bibel-Bilderbuch

Gedanken zum Thema

Zu der Zeit, als Mose geboren wurde, gab es einen Pharao, einen König in Ägypten, der Angst hatte, dass die Menschen, die vor langer Zeit einmal aus einem anderen Land nach Ägypten gekommen waren, zu stark werden. Es waren die Israeliten, die er nicht mochte. Er meinte, es gab zu viele von ihnen, und so erließ er das grausame Gesetz, dass jeder neugeborene Junge in den Fluss Nil geworfen werden sollte, wo die Krokodile lebten. Mose war ein Israelit. Als er auf die Welt kam, versteckte ihn seine Mutter, damit niemand merkte, dass ein kleiner Junge geboren worden war. Das klappte ganz gut, weil Mose ein sehr ruhiges Baby war. Aber so ab und an schrie er eben doch. Da hatte seine Mutter eine Idee. Sie nahm ein Weidenkörbchen, das sie mit Pech wasserfest machte. Dahinein legte sie Mose und versteckte ihn am Fluss im Schilfgras. Moses ältere Schwester Mirjam versteckte sich ebenfalls im Schilf und passte auf ihn auf. Die Tochter des Pharaos fand Mose, als sie im Fluss badete, und nahm ihn als ihren Sohn an. Da sie das Baby aber nicht stillen konnte, willigte sie gern ein, als Mirjam aus den Büschen zu ihr kam und ihr anbot, Mose zu einer Frau zu bringen, die dem Kleinen genug Milch geben konnte. So konnte Mose die ersten Jahre seines Lebens bei seiner Familie aufwachsen.

Aktivität: Figur

Eine Figur aus der Geschichte wird modelliert.

Material

- einen Tisch mit genügend Stühlen für alle (am besten altersgerechte Kindergartenstühle)
- einen Weidenkorb
- Knetgummi oder selbst gemachte Knetmasse

Rezept für selbst gemachte einfache Knetmasse

1/2 l Wasser
3 EL Speiseöl
200 g Salz
400 g Mehl
Lebensmittelfarbe

Das Öl in das Wasser geben und kochen. Mehl mit Salz und Lebensmittelfarbe dazugeben. Alles gut verkneten (hält sich gut in Tupperdosen).

Rezept für selbst gemachte Knetmasse mit Sand

1 Tasse Stärkemehl
2 Tassen feinen Sand (z. B. Vogelsand)
1 Tasse Wasser
wenn gewünscht: Lebensmittelfarbe

Das Stärkemehl und den Sand in einen Topf schütten. Wasser dazu geben und die gewünschte Farbe untermischen. Bei mittlerer Hitze die Masse auf dem Herd erwärmen. Dabei so lange kräftig rühren, bis sie dick wird. Abkühlen lassen. Sandknete lässt sich gut formen und die fertigen Kunstwerke trocknen nach einigen Tagen an der Luft.

Durchführung

Man fragt die Kinder, was ihnen alles zu dem Weidenkorb einfällt, den man ihnen zeigt. Z. B.:

- Man kann darin etwas sammeln.
- Man kann darin etwas transportieren.
- Hunde haben oft ein Weidenkörbchen zum Schlafen.
- Vielleicht hat auch schon einmal eines der Kinder ein Baby in einer geflochtenen Babytragetasche gesehen.

Nach der Fragerunde geht es wieder in die Geschichtenecke. Wenn es sich alle gemütlich gemacht haben, leitet man zur Geschichte über:

„In der Geschichte, die wir heute hören, kommt auch ein Weidenkorb vor. Ein Weidenkorb, in dem ein Baby gerettet worden ist."
Und die Geschichte beginnt.

Nach der Geschichte bittet man die Kinder an den Tisch und verteilt die Knetmasse. Die Kinder können nun einen Korb, ein Baby oder vielleicht die Prinzessin formen. Man kann sie dabei unterstützen oder Rat geben, aber die Kinder sollen die Werke wirklich selbst machen. Das Endergebnis ist immer bewunderungswürdig - auch wenn wir persönlich vielleicht einen anderen Stil bevorzugen. Natürlich können die Kinder wieder entscheiden, ob sie ihre Kunstwerke mit nach Hause nehmen.

Abschlussgebet

Lieber Gott,
danke, dass du Mose gerettet hast.
Er konnte sogar bei seiner Mutter sein
und mit seinen Geschwistern aufwachsen.

Lieber Gott,
danke, dass du auch so gut auf uns aufpasst.
Bitte behüte uns und unsere Familien.
Amen.

6. Die 10 Gebote

Bibeltext: 2. Mose 19 – 24

Bilderbücher zum Thema
Weth, Irmgard: Neukirchener Kinder-Bibel

Gedanken zum Thema

Zum besseren Verständnis kann man diese kurze Erklärung vorweg geben:
Als Mose erwachsen war, wurde er ein Prophet. Ein Prophet ist ein Mensch, dem Gott eine Botschaft gibt. Die Botschaft bekommen die Propheten z. B. im Traum. Der Prophet erzählt dann diese Botschaft von Gott anderen Menschen, damit auch sie wissen, was Gott von ihnen will.
Gott hat Mose viele Botschaften gegeben. Manchmal hat er mit Mose aus einem brennenden Busch oder aus einer Wolke gesprochen. In der heutigen Geschichte hat Gott wieder mit Mose gesprochen, und zwar auf dem Berg Sinai.
Es folgt die Geschichte von Mose und den 10 Geboten.

Aktivität: Gebotstafeln anfertigen

Material

- Stifte/Spatel zum Einritzen von Bildern/Worten
- Salzteig zur Herstellung von „steinernen Tafeln"

Rezept für selbstgemachten Salzteig
1 Tasse Maisstärke • 2 Tassen Salz • 1 1/3 Tassen kaltes Wasser
Salz und die Hälfte des Wassers in einen Topf geben und aufkochen. Die Maisstärke mit dem restlichen Wasser glattrühren. Alles miteinander vermengen und gut durchkneten. Dieser Salzteig kann an der Luft getrocknet und dann bemalt werden. Reste können luftdicht verpackt im Kühlschrank aufbewahrt werden. Salzteig gelingt noch besser, wenn man 2-3 EL Tapetenkleister in den Teig gibt.

Rezept für selbstgemachten Salzteig zum Brennen
Wenn man die Zeit hat, den Salzteig zu brennen, kann man folgendes Rezept nehmen:

1 Tasse Mehl • 1 Tasse Salz • 8-10 EL Wasser • evtl. Lebensmittelfarben
Mehl, Salz und Wasser in einer Schüssel vermengen, bis sich eine feste, gut knetbare Masse bildet. Nach dem Formen werden die fertigen Teile 30 bis 40 Minuten lang im auf 150 °C vorgeheizten Ofen gebacken. Nach dem Auskühlen können die Platten zusätzlich bemalt werden.
Wenn der Teig farbig sein soll, muss man ihn vor dem Kneten mit Lebensmittelfarbe einfärben.

Durchführung

Nach der Geschichte kann man die 10 Gebote noch einmal wiederholen. Die Kinder können dann selbst eine Tafel machen, in die sie ein Bild oder ein Wort kratzen können, z. B. ein Herz und einen Mann und eine Frau für das Gebot „Du sollst deinen Vater und deine Mutter ehren“ oder einfach eine Eins in den Teig drücken für „Ich bin der Herr, dein Gott. Du sollst keine anderen Götter neben mir haben“ oder ein glückliches Smiley und ein mieses Smiley für das Gebot „Du sollst nicht nach dem verlangen, was anderen gehört“. Das glückliche Smiley steht dabei für den zufriedenen Menschen und das miese Smiley für den neidischen. Die ganz Kleinen verzieren einfach ihre Gebotstafel, wie sie wollen.
Man verteilt den Salzteig zwischen den Kindern und lässt sie eine Kugel formen. (Das hilft ihnen u. a., sich zu konzentrieren, und wird oft z. B. in Therapien im Zusammenhang mit Tonarbeiten angewandt.) Dann werden die Kugeln mit den Händen plattgedrückt. Man nimmt einen Bleistift und ritzt ein Bild oder Wort in den Teig. Die Ränder der Platten können mit Fingereindrücken verziert werden. Wenn die Kinder die Platten aufhängen wollen, ist es ratsam, schon im ungetrockneten Zustand ein Loch in den Teig zu stechen, weil im getrockneten Zustand der Teig gern bricht.

Abschlussgebet

Lieber Gott,
danke, dass du uns die Zehn Gebote gegeben hast.
Wenn wir alle das machen, was du von uns möchtest,
wird es nie mehr Streit geben.
Das wäre wunderschön.
Bitte behüte uns und unsere Familien.
Amen.

7. David und Goliat

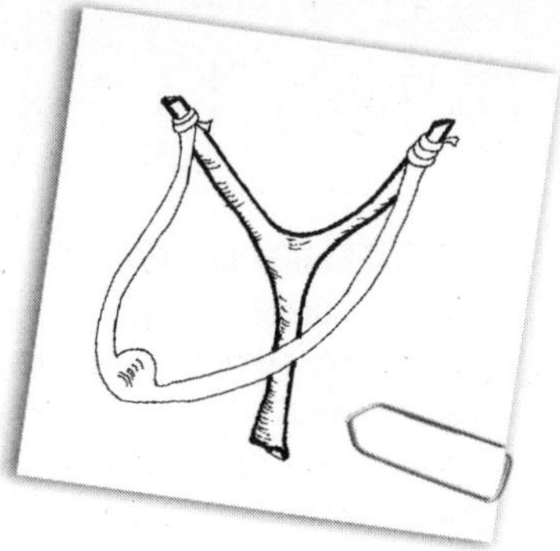

Bibeltext: 1. Samuel 17

Bilderbücher zum Thema
de Kort, Kees: Das große Bibel-Bilderbuch
Weth, Irmgard: Neukirchener Kinder-Bibel

Gedanken zum Thema

David war ein einfacher Hirtenjunge - kein super Kung-Fu-Kämpfer. Er hatte zwar schon wilde Tiere, die seine Schafe fressen wollten, mit seinem Hirtenstab vertrieben, aber ein richtiger Kämpfer war er nicht. Er war noch nicht einmal besonders groß und er war noch sehr jung, kein ausgewachsener Mann. Goliat dagegen war nicht nur ein super Kämpfer und furchtbar stark, er war auch ein Riese - größer und stärker als alle anderen Soldaten. Alle guten Kämpfer hatten Angst vor ihm und er fand das ganz super. Er prahlte und beschimpfte die anderen - eine Eigenart, die wir bis heute unter uns Menschen finden.

Auch Kinder in der Schule oder selbst im Kindergarten verletzen oft seelisch und/oder körperlich schwächere Kinder oder die Kinder, die eine andere Hautfarbe haben oder sich sonst irgendwie von anderen unterscheiden. Die Angreifer haben alle einen Grund, warum sie das machen - meist sind sie selbst Opfer gewesen und geben nun ihre eigenen, schlechten Erfahrungen weiter.

David hatte keine Zeit, über solche Dinge nachzudenken, er musste direkt handeln. Dazu verlieh ihm die Entrüstung darüber, dass Goliat sich über Gott lustig machte, die nötige Kraft. David war so böse darüber, dass Goliat es wagte, Gott zu verhöhnen, und dass keiner der starken Soldaten etwas dagegen unternahm. Ohne zu zögern beschloss David, gegen den Riesen zu kämpfen. Gott war auf seiner Seite - der Junge David besiegte den riesigen Soldaten Goliat!

Unsere Kinder sind auch noch klein - sie müssen das jeden Tag erfahren. Die Erwachsenen und älteren Kinder sind alle größer und stärker - eine Tatsache, mit der jüngere Kinder jeden Tag umgehen müssen. Deshalb lieben sie diese Geschichte besonders. Hier hat ein Junge einen Riesen mit Gottes Hilfe besiegt!

Aktivität: Laut und leise

Durchführung

Die Geschichte wird nach dem Vorlesen aus der Kinderbibel noch einmal in kürzerer Form erzählt. Dabei bewegen sich die Kinder im Kreis:

- Goliat prahlt - lautes, stampfendes Gehen
- David kommt - leise gehen
- Goliat macht sich über Gott lustig - lautes Herumhopsen
- David wird darüber wütend - einmal mit dem Fuß stampfen
- David geht zu König Saul und sagt, er wird kämpfen - ruhiges Gehen
- Goliat macht sich über David lustig - lautes Stampfen
- David bückt sich nach dem Stein - leises, gebücktes Gehen
- Er legt den Stein in seine Schleuder - aufrichten und still stehen
- Er trifft Goliat - lautes Stampfen, Klatschen und Hüpfen

Alternative Aktivität: Schleuder basteln

Material

- gleichlange Astgabeln suchen
- Einweckglas-Gummi einmal um die offenen Enden der Astgabeln wickeln
- kleine Softbälle und 2 Papierkörbe

Spielanleitung Schleuder: Das äußere Ende des Gummis über das innere zu sich ziehen. Einen kleinen Softball in das Ende halten, das über das innere Gummi gezogen wird. Den Arm strecken - zielen und versuchen, den Ball in einen Papierkorb zu schießen. Man kann zwei Gruppen bilden, die versuchen dürfen, den Ball ins Ziel zu schießen.

Abschlussgebet

Lieber Gott,
wir wollen anderen Menschen von dir erzählen und ihnen sagen,
welche Wunder du vollbracht hast.
Bitte hilf uns dabei, wie du David geholfen hast.
Bitte behüte uns und unsere Familien.
Amen.

8. Elia (erster Teil)

Bibeltext: 1. Könige 16,29 – 17,6

Bilderbücher zum Thema
Weth, Irmgard: Neukirchener Kinder-Bibel

Gedanken zum Thema

Der mächtige König Ahab hatte sich von Gott abgewendet und einen anderen Gott für sein Volk gewählt. Sein Name war Baal. Ahab hatte einen großen Tempel für Baal gebaut. Er verlangte, dass nun alle diesen Gott anbeten sollten. Da Ahab sehr mächtig war, hatten die Menschen Angst vor ihm und folgten seiner Anordnung. Einer aber glaubte weiter an den richtigen, einzigen Gott. Sein Name war Elia. Elia weigerte sich, Baal anzubeten. Und Elia war ein Prophet – wie Mose. Eines Tages ging Elia zum Königspalast und sagte zu Ahab, dass der einzig wahre Gott zur Strafe für Ahabs Abtrünnigkeit eine große Trockenheit schicken würde. Das geschah auch. Als die Ernte tatsächlich verdorrte, wurde Ahab sehr böse auf Elia und ließ ihn von seinen Soldaten suchen. Gott aber half Elia auf der Flucht. Elia fand eine sichere Höhle mit einer Quelle. Gott schickte jeden Tag Raben, die etwas zum Essen fallen ließen, so dass Elia nicht verhungern musste.

Aktivität: Bild ausmalen

Material

- Kopien zum Ausmalen (siehe nächste Seite)
- Buntstifte, Wachsmalstifte oder Filzstifte
- evtl. auch Fingerfarben (dafür sollte man aber am besten ein größeres Papier haben und die Kinder ihr eigenes Bild malen lassen).

Rezept für Fingerfarben

- 1/2 Tasse feingehackte Kernseife
- 1 Tasse Maisstärke
- 6 Tassen Wasser
- Malkreiden – für jede Farbe extra zermahlen
- mehrere Schraubgläser (für die fertige Fingerfarbe)

Die Seife wird mit der Maisstärke und dem Wasser bei mittlerer Hitze zum Kochen gebracht. Sobald die Masse dick wird, wird sie in die Schraubgläser gefüllt und mit dem ausgewählten Kreidepulver vermischt. Gut verschlossen lässt sich die Farbe länger aufbewahren.

Abschlussgebet

Lieber Gott,
du hast Elia behütet und die Raben geschickt,
die ihm etwas zum Essen gebracht haben.
So musste Elia nicht verhungern.
Bitte sorge auch für uns und unsere Familien und behüte uns alle.
Amen.

Ausmalbild

9. Elia (zweiter Teil)

Bibeltext: 1. Könige 17,7-16

Bilderbücher zum Thema
Weth, Irmgard: Neukirchener Kinder-Bibel

Gedanken zum Thema

Als die Trockenheit weiter um sich griff und die Quelle, die Elia mit Wasser versorgte, austrocknete, schickte Gott Elia weiter nach Zarpat, einen Ort, in dem er eine arme Witwe treffen sollte, die ihn aufnehmen würde. Alles geschah so, wie in der Prophezeiung vorhergesagt.
Die Witwe nahm Elia auf und teilte ihr letztes Brot mit Elia und ihrem Sohn. Von da an gab es keinen Hunger mehr in ihrem Haus, denn das Mehl und Öl vermehrte sich und wurde niemals aufgebraucht, bis Gott es wieder regnen lassen würde und der Garten wieder das Essen für die Familie erbringen konnte.

Aktivität: Popcorn herstellen

Aus einer kleinen Menge Körner wird ein Topf voll Essen. Wir stellen Popcorn her, sodass man sehen kann, wie aus den wenigen Körnern ein ganzer Topf voller Popcorn wird.

Material

Es gibt Popcornmaschinen, aber man kann Popcorn auch sehr einfach so herstellen:

- eine Herdplatte oder einen Campinggasbrenner (bitte darauf achten, dass die Heizquelle sicher steht und die Kinder sich nicht verbrennen)
- eine Tüte Maiskörner
- ein großer, tiefer Topf mit einem Glasdeckel
- Speiseöl
- Zucker
- Papiertüten oder Becher, in die man das Popcorn füllen kann

Durchführung

Nach der Erzählung der Geschichte stellen wir gemeinsam das Popcorn her: Den Topf auf die Heizplatte stellen, einen Esslöffel Speiseöl dünn auf dem Boden verteilen und so viele Maiskörner einfüllen, dass der Boden gerade bedeckt ist. Den Topf aufheizen. Das „Wunder" kann beginnen.

Man schließt den Topf mit dem Glasdeckel und schaut zu, wie die Körner springen und platzen. Es ist immer wieder faszinierend - nicht nur für die Kinder.

Während die Körner platzen, sollte der Topf immer mal wieder kräftig hin und hergeschoben werden, damit das Korn nicht anbrennt.

Wenn das Popcorn fertig ist, gibt man Zucker darüber und verteilt es an die Kinder.

Abschlussgebet

Lieber Gott,
danke, dass wir jeden Tag Brot haben
und nicht hungern müssen.
Bitte behüte uns und unsere Familien.
Amen.

10. Elia (dritter Teil)

Bibeltext: 1. Könige 17,17-24

Bilderbücher zum Thema
Weth, Irmgard: Neukirchener Kinder-Bibel

Gedanken zum Thema

Elia lebte nun lange bei der Witwe, und weil er ihr so viel von Gott erzählte, begann sie auch an Gott zu glauben. Bis eines Tages ihr Sohn krank wurde und starb. Die Witwe war furchtbar traurig, denn sie hatte ihren Sohn sehr lieb. Sie glaubte nicht mehr an Gott, weil er zugelassen hatte, dass ihr Sohn starb. Mit Gottes Hilfe konnte Elia den Jungen aber wieder zum Leben erwecken. Nun wusste die Frau, dass alles, was Elia von Gott erzählt hatte, wahr war.

Eine persönliche Anmerkung hierzu:
Ich bin in meinem Leben mehreren Menschen begegnet, deren Kinder nach medizinischen Maßstäben einfach nicht hätten überleben können. Die Eltern und Verwandten hatten für diese Kinder gemeinsam gebetet und es ist tatsächlich eingetroffen: Diese todgeweihten Kinder sind heute lebensfreudige, gesunde Erwachsene und sogenannte medizinische Wunder! Es hört sich seltsam an, dass solche Dinge wie hier geschehen können, und manchmal tun wir uns schwer, es zu glauben.
Natürlich habe ich auch erlebt – und leider ist das die Regel –, dass Kinder gestorben sind. Aber die Hoffnung und der Glaube können Dinge bewirken, die wir nicht erklären können.

Aktivität: Mandala ausmalen

Das Herz steht für das Leben. Wenn das Herz nicht mehr schlägt, sind wir tot.

Material

- Kopien des Mandalas (siehe Vorlage nächste Seite)
- Buntstifte oder Wachsmalstifte

Die fertigen Kunstwerke können die Kinder entweder mit nach Hause nehmen oder der Gruppenraum wird damit geschmückt.

Vorlage Mandala

Abschlussgebet

Lieber Gott,
danke, dass du Wunder tust.
Wir würden gern ganz viele Wunder von dir erleben,
aber du weißt schon, wann du uns eines schenkst.
Bitte behüte uns und unsere Familien.
Amen.

11. Elia (vierter Teil)

Bibeltext: 1. Könige 18

Bilderbücher zum Thema
Weth, Irmgard: Neukirchener Kinder-Bibel

Gedanken zum Thema

Viele Jahre später wollte Gott es wieder regnen lassen. Er schickte Elia zurück ins Königreich von Ahab. Die Menschen dort hatten Gott noch nicht ganz vergessen, aber sie waren zu ängstlich und auch nicht so ganz sicher, ob Baal nicht doch ein Gott war und vielleicht stärker als der Gott, den sie kannten. Ahab dagegen war da ganz sicher und so willigte er sofort ein, als Elia eine Art Wettstreit vorschlug. Auf dem Berg Karmel sollten zwei Brandopfer gemacht werden: eines von 450 Priestern des Baal und eines von Elia, dem einzigen Priester von Gott. Elia ließ die anderen als Erste gehen. Sie hatten ihr Opfer mit trockenem Holz schön hergerichtet, damit es schnell Feuer fangen konnte. Nun riefen sie zu Baal, dass er das Feuer anzündete. Aber es geschah nichts, Baal schien zu schlafen oder war verreist. Dann war Elia an der Reihe. Nachdem Elia sein Opfer hergerichtet hatte, zog er einen Graben um den Altar und ließ so viel Wasser über das Holz gießen, dass es auch noch den Graben füllte. Dann bat er Gott um ein Zeichen. Gott schickte Feuer vom Himmel, das das nasse Holz im Nu in Brand setzte.

Da glaubten die Menschen wieder an Gott und es dauerte nicht lange und ein guter Regen fiel auf das Land und die Trockenheit war vorüber.

Aktivität: schwimmende Kerzen basteln

Gott hat das nasse Holz angezündet. Die Kinder können ein kleines Feuer schwimmen lassen, indem sie schwimmende Kerzen basteln.

Material

- leere, möglichst ganze Walnusshälften
- Kerzenwachsreste
- eine Heizplatte
- einen größeren Topf mit Wasser

- einen kleineren alten Topf oder eine Blechdose, in dem/der das Wachs schmelzen kann und der/die bequem in den größeren Topf passen muss
- Dochtfäden (können auch Baumwollfäden sein), die man kurz durch den flüssigen Wachs gezogen hat (dann sind sie leichter anzuzünden), in kurze Stücke geschnitten
- eine große, möglichst flache Glas- oder Keramikschüssel mit Wasser gefüllt (für eine große Kindergruppe muss man eine Wanne nehmen)
- Streichhölzer

Durchführung

Nach dem Erzählen der Geschichte werden schwimmende Kerzen gebastelt. Zuerst erwärmt man das Wachs in einem Wasserbad, bis es flüssig (gießfähig) wird - nicht zu heiß, weil es sonst recht lange dauert, bis es wieder fest wird. Mit Hilfe eines Löffels füllt man das flüssige Wachs in die Walnusshälften. Den Docht in die Nusshälfte drücken, nachdem man das Wachs eingefüllt hat. Wenn das Wachs hart geworden ist, die Walnusskerzen anzünden und vorsichtig in der mit Wasser gefüllten Glas- oder Keramikschüssel schwimmen lassen.

Brennende Kerzen niemals allein lassen!

Abschlussgebet

Lieber Gott,
durch deinen Propheten Elia hast du Ahab gezeigt, wie stark du bist.
Ich weiß, dass ich mich mit dir an meiner Seite ganz sicher fühlen kann.
Bitte behüte auch unsere Familien.
Amen.

12. Jona und der Walfisch

Bibeltext: Jona 1 - 4

Bilderbücher zum Thema
de Kort, Kees: Das große Bibel-Bilderbuch
Fussenegger, Gertrud: Jona
Lindermann, Karin: Jona und der Wal
Weth, Irmgard: Neukirchener Kinder-Bibel

Gedanken zum Thema

Auch Jona war ein Prophet wie Mose und Elia. Eines Tages hatte Gott ihm gesagt, dass er nach Ninive reisen sollte, um die Menschen dort vor Gottes Gericht zu warnen. Sie sollten aufhören, so viele schlimme Dinge zu tun.

Aber Jona hatte furchtbare Angst, nach Ninive zu gehen, weil die Menschen da so böse waren. Er beschloss vor Gott davonzulaufen. Jona ging auf ein Schiff, das ihn weit weg von Ninive bringen sollte. Unterwegs brach ein schrecklicher Sturm los. Da wusste Jona, dass er nicht vor Gott davonlaufen konnte. Er sagte den Matrosen, dass sie nur gerettet werden könnten, wenn sie ihn ins Meer werfen würden.
Nachdem alles versucht worden war, das Schiff zu retten, warfen die Matrosen Jona wirklich über Bord. Sofort legte sich der Sturm. Jona aber wurde von einem Walfisch geschluckt und musste nicht ertrinken. Nach drei Tagen spuckte der Wal Jona an Land. Jona machte sich auf nach Ninive. Er warnte die Menschen, so wie Gott es ihm gesagt hatte. Die Menschen hörten tatsächlich auf ihn und nach und nach bereuten sie alles Schlimme, das sie getan hatten, und beteten zu Gott, dass er ihnen vergeben sollte. Und wieder vergab Gott den Menschen.

Aktivität: Bild Jona und der Wal ausmalen

Material

- Vorlagen kopieren (siehe unten)
- Buntstifte, Wachsmalstifte, Filzstifte
- Fingerfarben (bei Fingerfarben am besten ein großes Papier benutzen und ein frei gemaltes Bild anfertigen), Rezept für Fingerfarbe siehe Seite 41)

Abschlussgebet

Lieber Gott,
immer wieder machen wir etwas falsch
und manchmal merken wir es gar nicht.
Danke, dass du uns immer wieder vergibst.
Wenn wir Streit mit jemandem haben,
wollen wir auch versuchen, wieder Frieden zu schließen.
Bitte behüte uns und unsere Familien.
Amen.

Ausmalbild

13. Rut

Bibeltext: Rut 2 - 4

Bilderbücher zum Thema
de Kort, Kees: Das große Bibel-Bilderbuch
Weth, Irmgard: Neukirchener Kinder-Bibel

Gedanken zum Thema

In Bethlehem lebte die Witwe Naomi. Sie war nach vielen Jahren aus einem anderen Land nach Hause zurückgekommen, weil ihr Mann und ihre beiden Söhne gestorben waren. Die Frau einer ihrer gestorbenen Söhne - Rut - war mit ihr nach Bethlehem gekommen. Rut hatte ihre Heimat und alle ihre Freunde und Verwandten verlassen, nur um Naomi zu helfen. Denn Naomi war schon alt.

Naomi und Rut waren sehr arm und wussten nicht, wo sie das Essen für den nächsten Tag herbekommen sollten. Es war gerade Erntezeit. Damals wurde das Korn noch mit der Sense gemäht und dann zu Garben gebunden, auf Karren geladen und in der Scheune gedroschen. Bei dieser Arbeit fielen oft Ähren auf den Boden. Die durften die armen Leute dann für sich auflesen. Rut wusste das und so ging sie früh am Morgen auf das Feld des Bauern Boas. Auch sie bekam die Erlaubnis, Ähren vom Boden aufzulesen, obwohl sie nicht aus Bethlehem kam. Rut arbeitete so fleißig und sammelte so viele Ähren auf, dass sie und Naomi nun genug zu essen hatten. Aber das war noch nicht alles. Der Bauer Boas hatte große Achtung vor Rut, weil sie so hart arbeitete und für Naomi sorgte. Er begann sie zu mögen. Als die Erntezeit vorbei war, heirateten Boas und Rut.

Rut war einfach da für Naomi. Sie hätte es in ihrer eigenen Heimat viel einfacher haben können. Hier musste sie schwer arbeiten, hatte viele Sorgen und war auch noch in einem fremden Land. Ohne Rut wäre es Naomi sehr schlecht gegangen, vielleicht wäre sie sogar verhungert, weil sie selbst nicht mehr stark genug war, um hart zu arbeiten.

Wenn wir zusammenhalten und uns gegenseitig helfen, ist auch für uns das Leben viel schöner und einfacher.

Aktivität: Puzzle machen

Gemeinsam schaffen wir's!

Material

- Die zwei Bilder (unten und nächste Seite) auf unterschiedlich farbigem Papier kopieren (das macht die Arbeit einfacher)
- Bilder laminieren und danach auseinanderschneiden.

Puzzle 1

Durchführung

Zwei verschiedene Bilder laminieren und auseinanderschneiden. Die so entstandenen Puzzleteile beider Bilder mischen und jedem Kind die gleiche Anzahl an Puzzleteilen geben. Die Kinder stehen im Kreis und je ein Teil von jedem Puzzle wird in die Mitte gelegt. Gemeinsam muss man nun überlegen, welche Teile zu welchem Bild gehören und wie man sie zusammenfügt. Das geht nur, wenn alle sich gegenseitig helfen. Man macht dies im Stehen, weil die Kinder so leichter umhergehen können, um ihre Teile mit den anderen zu vergleichen.

Abschlussgebet

Lieber Gott,
es ist ein schönes Gefühl, wenn man jemandem helfen kann.
Jeder gewinnt dabei - wir gewinnen und der andere gewinnt.
Bitte lass uns die Menschen finden, die unsere Hilfe brauchen.
Bitte, lass uns deine kleinen Gehilfen sein und behüte uns und unsere Familien.
Amen.

14. Drei Männer im Feuerofen

Bibeltext: Daniel 3

Bilderbücher zum Thema
Weth, Irmgard: Neukirchener Kinder-Bibel

Gedanken zum Thema

Im Königreich Babylon herrschte König Nebukadnezar. Er hatte ein riesiges Standbild errichten lassen - ganz aus Gold. Er wollte beweisen, dass er mächtig ist wie ein Gott. Er ließ verkünden, dass alle Menschen in seinem Land zusammenkommen sollten, um vor dem Standbild niederzuknien und es anzubeten. Wer nicht gehorchte, sollte in den großen Feuerofen geworfen werden, der gleich neben dem großen Standbild gebaut worden war.

Da zitterten die Menschen vor Angst, fielen auf die Knie und beteten das goldene Standbild an - alle außer drei Männern. Sie weigerten sich, weil sie glaubten, dass es nur einen Gott gibt, den man anbetet. Und der war nicht dieses Standbild! Da befahl der König wütend, den Ofen extra heiß anzufeuern und die drei Männer hineinzuwerfen. Als Soldaten die drei Männer an Händen und Füßen gefesselt in den Ofen warfen, verbrannten die Soldaten, weil die Flammen schon aus dem Ofen herausschlugen. Aber die Männer im Ofen verbrannten nicht - im Gegenteil, sie gingen im Feuer herum. Es war sogar noch eine vierte Person bei ihnen, die aussah wie ein Engel. Erschrocken und bleich befahl der König, dass die Männer aus dem Ofen herauskommen sollten - und das taten sie auch. Ihnen war kein einziges Haar versengt worden, keine einzige Brandblase hatten sie. Da war es klar, keiner war so mächtig wie Gott. Er hilft denen, die an ihn glauben - auch wenn es schier unmöglich scheint.

Aktivität: Richtig oder falsch?

(in Anlehnung an das Spiel: Alle Vögel fliegen hoch)

Wann sage ich NEIN und wann JA?

Durchführung

Gesprächsimpuls zur Geschichte

Manchmal wollen uns andere Kinder dazu anstiften, etwas zu tun, was nicht richtig ist. Sie mögen sogar drohen, einen nicht mehr mitspielen zu lassen oder sogar einen zu verhauen. Es ist nicht einfach, stark zu bleiben und nein zu sagen. Wir haben auch nicht immer die Möglichkeit, gleich mit unseren Eltern oder anderen Menschen, denen wir vertrauen, über das Unrecht zu reden, das die anderen planen. Manchmal haben wir „nur" Gott. Aber er ist immer für uns da und wir können ihn bitten, uns zu helfen, uns die richtige Idee oder die richtigen Worte zu geben, um aus der schwierigen Situation wieder herauszukommen.

Spiel

Alle setzen sich rittlings auf einen Stuhl oder normal um einen Tisch.

Nun geht es los:
Der Spielleiter trommelt mit den Fingern auf die Stuhllehne oder den Tisch und macht eine Feststellung, wonach er enthusiastisch die Arme in die Luft hebt. Die Kinder antworten mit einem lauten *Ja* und heben die Hände in die Luft, oder mit einem *Nein* und halten die Hände unten und trampeln dabei mit den Füßen.

Einige Beispiele für die Feststellungen
Du sollst dir die Zähne putzen.
Du sollst zuhören, wenn dein Papa mit dir spricht.
Du sollst anderen die Zunge herausstrecken.
Du sollst andere Kinder hauen.
Du sollst lügen.
Du sollst deinen Teller leer essen.
Du sollst den Fußball durch die Fensterscheibe schießen.
Du sollst den Fußball ins Tor schießen.
Du sollst ein Bild für deine Oma malen.
Du sollst deiner Freundin die Puppe wegnehmen.

Du sollst nicht mit anderen teilen.
Du sollst deiner Mama helfen.
Du sollst mit deiner Schwester/Bruder die Schokolade teilen.
Du sollst mit Gott reden.
Du sollst dein Spielzeug nicht wegräumen.
Du sollst ...

Der Fantasie sind hier keine Grenzen gesetzt. Wichtig ist, dass alle laut und deutlich antworten.

Abschlussgebet

Lieber Gott,
bitte mach uns stark, damit wir immer das Richtige tun können
und damit wir wissen, wann wir Ja und wann wir Nein sagen sollen.
Bitte sei immer bei uns und unseren Familien und behüte uns.
Amen.

15. Daniel in der Löwengrube

Bibeltext: Daniel 6

Bilderbücher zum Thema
Weth, Irmgard: Neukirchener Kinder-Bibel

Gedanken zum Thema

In Babylon herrschte jetzt König Darius.
Er hatte einen Minister - Daniel, ein Israelit, der an Gott glaubte. Darius war sehr glücklich, dass er Daniel als Minister hatte, denn er hatte ihm schon oft guten Rat gegeben. So entschloss sich Darius, Daniel noch mehr Macht im Königreich zu geben.
Das aber machte die anderen Minister neidisch. Sie überlegten, wie sie Daniel beim König schlechtmachen konnten. Aber sie fanden nichts. Daniel tat nichts Falsches. Das Einzige, was sie herausfanden, war, dass Daniel drei Mal am Tag zu Gott betete.
Die unzufriedenen Minister brachten daraufhin ein Gesetz vor den König, das besagte, dass für 30 Tage niemand beten dürfe. Stattdessen sollten die Menschen sich in allen Fragen an König Darius wenden. Wer dem Gesetz zuwiderhandelte, sollte den Löwen zum Fraß vorgeworfen werde. Darius war geschmeichelt und willigte ein.

Es kam, wie es kommen musste: Daniel ließ sich von diesem Gesetz nicht davon abbringen, jeden Tag drei Mal mit Gott über alles zu reden, was ihn bewegte. Die Minister klagten ihn schnell beim König an. Darius musste das Gesetz erfüllen und Daniel in die Grube mit den hungrigen Löwen werfen. Oh, wie tat es Darius um seinen besten Berater leid! Er hoffte von Herzen, dass Gott so stark wäre, um seinen treuen Diener vor den Raubtieren zu beschützen.
Am folgenden Tag ging Darius mit bangem Herzen zur Löwengrube und fand Daniel unversehrt. Ein Engel hatte ihm geholfen und die Löwen hatten ihm kein Haar gekrümmt.

Aktivität: Löwen aus Knete formen

Material - Zutaten für selbst gemachte Knete
- 625 g Mehl
- 30 g Salz
- 5 EL Speiseöl
- eine große Schüssel
- Lebensmittelfarbe

Alles in eine große Schüssel geben und langsam 240 bis 480 ml Wasser hinzugeben, bis der Teig nicht mehr klebt, sich trocken anfühlt und leicht zu kneten ist. Wenn der Teig zu klebrig ist, noch etwas Mehl zugeben.
Masse in so viele Teile trennen, wie man unterschiedliche Farben haben möchte, und mit Lebensmittelfarben einfärben. Man kann auch ein paar Tropfen Zitronenaroma (Backzutat) zufügen, dann riecht die Masse gut. Die Knetmasse kann man in Plastikbeuteln/Tupperdosen bis zu drei Wochen im Kühlschrank aufbewahren.

Ein Alternativ-Rezept für Knete findet man auch auf Seite 35.

Abschlussgebet

Lieber Gott,
Daniel hat jeden Tag mit dir geredet - zu dir gebetet.
Er hat dir alles gesagt, was er schön fand,
und auch alles, was ihm Sorgen machte.
Du hast ihn beschützt, als er zwischen den wilden, hungrigen Löwen war.
Lieber Gott, bitte beschütze auch uns und unsere Familien.
Amen.

16. Der 1. Advent: Zacharias und Elisabeth

Bibeltext: Lukas 1,5-25.57-80

Bilderbücher zum Thema
de Kort, Kees: Das große Bibel-Bilderbuch

Gedanken zum Thema

Die vier Wochen, die wir zum Advent zählen, deuten symbolisch auf 4000 Jahre, die die Menschheit nach kirchlicher Rechnung auf die Ankunft des Erlösers warten musste. Im 5. Jahrhundert wurde in der Gegend von Ravenna in Italien zum ersten Mal Advent gefeiert. Mit dem ersten Advent beginnt das neue Kirchenjahr.
Der erste Adventskranz wurde 1839 in einem Waisenheim in Hamburg von Johann Hinrich Wichern aufgestellt. Ein Wagenrad wurde mit 20 kleinen roten Kerzen für die Werktage und 4 großen weißen Kerzen für die Sonntage bis Weihnachten geschmückt. Jeden Tag durften die Kinder eine Kerze anzünden, bis am Heiligen Abend alle Kerzen brannten.

Advent heißt Ankunft. Mit Ankunft verbindet sich immer eine Erwartung: etwas wird geschehen, jemand oder etwas wird erwartet. Es beinhaltet auch etwas Neues, weil ja etwas zu dem schon Bestehenden hinzukommt.

Besonders für Kinder ist es eine aufregende Zeit. Zu keiner anderen Zeit des Jahres stehen sie so im Zentrum. Es wird gebastelt und gebacken, Wunschzettel geschrieben und Gedichte auswendig gelernt, gesungen und Geschichten erzählt.

Wochen der Erwartung auf die Ankunft, auf den Geburtstag von Jesus. Kein anderer Geburtstag wurde und wird so erwartet und von so vielen Menschen gefeiert. Wir schmücken unsere Häuser, haben Adventskränze und Adventskalender, die unsere Erwartung ausdrücken, weil wir jeden Tag ein Türchen öffnen können, jede Woche eine Kerze mehr anzünden. Mit jeder neuen Kerze wird es heller, bis wir am Heiligen Abend einen vollen Lichterglanz haben. Nur wenige Menschen können sich dem Geist, der dieser Zeit innewohnt, entziehen. Daran ändert selbst die kommerzielle Ausschlachtung nichts.

Nirgendwo spiegelt sich die Erwartung besser und schöner wider als in den Augen unserer Kinder. Sie spüren das Prickeln dieser Zeit mehr als an ihrem eigenen Geburtstag, an dem sie ja auch Geschenke bekommen.

Zum Bibeltext

Elisabeth und Zacharias sind schon recht alt. Sie haben Gott immer sehr lieb gehabt. Leider ist ihr sehnlichster Wunsch - ein Kind zu bekommen - nie in Erfüllung gegangen. Zacharias ist ein Priester. Eines Tages geht er zum Tempel, um ein Räucheropfer darzubringen. Da erscheint ihm der Engel Gabriel und verkündet ihm, dass er und Elisabeth einen Sohn bekommen werden, der einmal ein wichtiger Mann werden würde. Gabriel sagt, Zacharias solle den Sohn Johannes nennen, das heißt „Gott ist gnädig“. Zacharias kann das alles nicht glauben. Da sagt ihm Gabriel, dass er stumm sein wird, bis sein Sohn geboren ist. So geschieht es dann auch. Zacharias kann nicht mehr reden, Elisabeth wird schwanger und Johannes wird geboren.
Viele Menschen kommen, um dieses Wunder zu sehen, denn keiner hatte geglaubt, dass so alte Menschen noch ein Kind bekommen könnten. Und genauso wenig verstehen sie, dass der Brauch gebrochen wird, wonach das Kind nach einem Verwandten benannt wird. Zacharias aber schreibt den Namen Johannes auf eine Tafel. So soll sein Sohn heißen. Von dem Augenblick an kann er wieder sprechen. Er singt vor Freude und erzählt den Menschen, dass sein Sohn der Wegbereiter für den Retter der Welt werden würde. Damit kündigt er schon vor Johannes konkret Jesu Geburt an.
Man könnte sagen, das Warten auf die Ankunft Jesu beginnt hier. Bis jetzt gab es nur vage Prophezeiungen. Jetzt wird ein Kind geboren, das den Weg für Jesus bereiten soll. Noch bevor Johannes Jesus selbst getroffen und getauft hat, erzählt er den Menschen schon von dem Retter

Aktivität: Adventskerzen verzieren

Material

- einen fertigen Adventskranz oder Adventsteller mit Kerzenhaltern
- mind. 4 dicke, große Adventskerzen (abhängig von der Zahl der Kinder)
- Dünne Wachsplatten (gibt es in Läden für Bastelbedarf), Wachsplatten und Wachsfolien gibt es in vielen Farben. Man kann auch fertige Wachsornamente und Wachsborten kaufen.
- Motivstanzer: kleine Stanzer, die man für Moosgummi bekommt, eignen sich gut. Plätzchenstanzer sind größer, lassen sich dafür aber auch leichter in den Wachs drücken. Es gibt auch Kerzenstanzer vom Fachhandel.

Durchführung

Die Aktivität kommt diesmal, bevor man die Geschichte erzählt. Man erzählt den Kindern kurz den Sinn des Advents und lässt sie dann die vier Adventskerzen verzieren, die an den nächsten vier Sonntagen angezündet werden. Die erste wird heute angezündet.

Kerzen verzieren

Man nimmt eine Wachsplatte aus der Packung und legt sie auf eine glatte Unterlage, z. B. ein Resopalbrett. Die Kinder stechen dann Figuren aus (wie beim Plätzchenbacken). Man löst die Figuren/Formen vorsichtig aus der Wachsplatte und drückt sie an beliebiger Stelle leicht und gleichmäßig auf die Kerze. Allein durch die Wärme und etwas Druck der fettfreien Hand klebt der Verzierwachs auf den Kerzen. Die kleinen, übrig gebliebenen Wachsabschnitte kann man wieder zusammenkneten und daraus lange dünne Würstchen rollen, die man rund um eine Kerze legt. Da das Wachs dann ein wenig dicker ist, muss man es etwas stärker andrücken, damit es auf der Kerze hält.

Die Kerzen in die Kerzenhalter vom Adventskranz/Adventsteller stecken

Ein Kind darf die erste Kerze anzünden. Man kann auch die Arbeit aufteilen: Einer holt die Streichholzschachtel, einer nimmt ein Streichholz heraus, einer zündet die Kerze an. Zum Schluss darf wiederum ein anderes Kind die Kerze ausblasen. So sind vier Kinder beteiligt. Diese vier kann man einfach bestimmen oder man lässt Lose ziehen oder Streichhölzer (4 sind kürzer als die anderen).

Abschlussgebet

Lieber Gott,
manchmal wünschen wir uns etwas, aber wir bekommen es noch nicht.
Wir müssen warten.
Jetzt warten wir auf Weihnachten, auf den Geburtstag von Jesus,
der größte Geburtstag der Welt.
Bitte, lieber Gott, mach uns so stark wie Zacharias und Elisabeth,
die viele Jahre darauf gewartet haben, ein Kind zu bekommen.
Und wenn du denkst, es ist gut,
erfüllst du uns vielleicht auch einen unserer vielen Wünsche.
Lieber Gott, bitte behüte uns und unsere Familien.
Amen.

17. Der 2. Advent: Die gute Nachricht für Maria

Bibeltext: Lukas 1,26-56

Bilderbücher zum Thema
de Kort, Kees: Das große Bibel-Bilderbuch
Weth, Irmgard: Neukirchener Kinder-Bibel

Gedanken zum Thema

Maria war eine Verwandte von Elisabeth, aber sie wohnte in einem anderen Ort. Der Ort hieß Nazareth. Maria war verlobt mit Josef, einem Zimmermann.
Zu der Zeit, als Elisabeth schon mit Johannes schwanger war, erschien Maria ein Engel, ähnlich wie bei Zacharias. Der Engel sagte ihr, dass sie ein Kind bekommen werde, einen Sohn, der einmal ein König werden würde, der Retter, auf den die Menschen nun schon so lange gewartet hatten. Sie solle ihn Jesus nennen, das heißt „Gott rettet". Maria konnte das nicht glauben. Sie war ja noch nicht verheiratet. Und dann sollte ihr Kind auch noch eines Tages ein König werden und der langersehnte Retter sein? Aber der Engel versicherte ihr, dass alles so geschehen würde, ja, mehr noch, dass dieses Kind Gottes Sohn genannt werden würde, weil bei Gott nichts unmöglich ist. Da nahm Maria die Botschaft an und sang Gott ein Loblied.

Aktivität: Engel basteln

Material

- etwas festeres Papier
- eine Tasse
- stumpfer Bleistift und Lineal
- Scheren
- Glitterstifte
- Nadel und Faden
- evtl. etwas Lametta

Durchführung

Man bestimmt, wer die 1. und die 2. Kerze anzünden darf, wer die Streichholzschachtel holt, wer das Streichholz herausnehmen darf und wer die Kerzen zum Schluss auspusten darf.

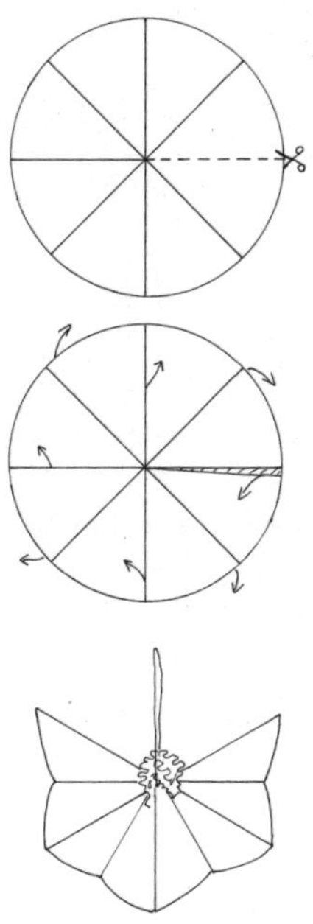

Nach der Erzählung der Geschichte wird ein Engel gebastelt. Falls die Kinder zu jung sind, kann man den Engel vorbereiten und lässt sie nur die Faltarbeit und Verzierung machen.

- Dazu nimmt man eine Tasse und setzt sie umgedreht auf das Papier. Mit einem Bleistift zieht man einen Kreis um die Tasse. Dann schneidet man den Kreis aus.
- ¼ des Kreises werden die Flügel des Engels, man verziert ca. ¾ des Kreises (den Saum des Engelkleides mit einem oder mehreren Glitterstift-Linien auf der Vor- und Rückseite des Papiers).
- Dann faltet man den Kreis in die Hälfte (es entsteht ein Halbkreis), dann noch einmal halb (Viertel-Kreis) und dann noch einmal (Achtel-Kreis). Man faltet alles wieder auseinander.
- Danach schneidet man den Kreis entlang der Falz-Linie, die das unbemalte Viertel trennt, bis zum Mittelpunkt ein.
- Dann faltet man den Schnittrand bis zur ersten Linie. Die nächste Falte geht nach hinten in die entgegengesetzte Richtung und danach wieder nach vorn.
- Wie eine Ziehharmonika falten.
- Wenn man alle Teile gefaltet hat, zieht man den Kreis wieder leicht auseinander, sodass er wie ein Engel mit Flügeln aussieht.
- Zum Aufhängen zieht man mit einer Nadel einen Faden durch die Mitte.
- Zum Schluss kann man in die Mitte für den Engelkopf ein wenig Lametta zusammenknüllen und aufkleben.

Abschlussgebet

Lieber Gott,
danke, dass du damals den Engel zu Maria geschickt hast.
So konnte sie sich wie wir auf den Geburtstag von Jesus freuen.
Lieber Gott, bitte behüte uns und unsere Familien.
Amen.

18. Der 3. Advent: Der Weg nach Bethlehem

Bibeltext: Lukas 2,1-7

Bilderbücher zum Thema
de Kort, Kees: Das große Bibel-Bilderbuch
Weth, Irmgard: Neukirchener Kinder-Bibel

Gedanken zum Thema

Maria ist hochschwanger, als Josef ihr vom Gebot des Kaisers Augustus berichtet, der alle Menschen, die in seinem Reich leben, zählen lassen will. Weil Josef aus Bethlehem stammt, müssen sie sich auf den langen, beschwerlichen Weg dorthin machen.
Als sie in Bethlehem ankommen, sind dort so viele Menschen, dass sie keinen einzigen Platz zum Schlafen finden können. Alles ist ausgebucht. Nach langem, verzweifelten Suchen finden sie zu guter Letzt einen Stall, der ihnen zumindest Schutz vor Regen und Wind bietet. Die Tiere teilen gern ihren Platz mit Maria und Josef und spenden ihnen ein wenig Wärme.

Aktivität: Reise nach Bethlehem

Der Weg war lang und Maria und Josef haben keinen Platz in Bethlehem gefunden, deshalb spielen wir das Spiel „Die Reise nach (Jerusalem) Bethlehem“.

Material

- so viele Stühle wie Kinder da sind - minus einen Stuhl
- einen CD-Spieler und CD mit Weihnachtsliedern

Durchführung

Man bestimmt, wer die 1., die 2. und die 3. Kerze anzünden darf, wer die Streichholzschachtel holt, wer die Streichhölzer herausnehmen darf (können auch drei Kinder sein - für jede Kerze eines) und wer zum Schluss die Kerzen ausblasen darf.

Man stellt die Stühle im Kreis mit der Sitzfläche nach außen auf. Die Kinder laufen zur Musik außen um die Stühle im Kreis herum. Sobald der Spielleiter die Musik ausschaltet, muss jeder schnell einen Sitzplatz finden. Wer keinen gefunden hat, muss ausscheiden und darf die anderen anfeuern. Bei der nächsten Runde nimmt man wieder einen Stuhl weg und das Spiel geht so lange weiter, bis ein Sieger übrig bleibt.

Alternative Aktivität: Laternchen basteln

Laternchen basteln, das Maria und Josef in dem dunklen Stall leuchten soll.

Material

- Buntpapier, Scheren, Nadel und Faden

Durchführung

Aus Buntpapier werden Streifen geschnitten (ca. 21 cm lang und 10 cm breit). Diese Streifen werden der Länge nach in der Mitte gefaltet. In die geschlossene Seite schneidet man mit der Schere parallele Schnitte von ca. ½ cm Breite, die jeweils ca. 1 cm vor dem offenen Ende aufhören sollen (man kann eine Hilfslinie ziehen). Danach wird der gefaltete Streifen wieder aufgeklappt und rundgebogen. Die Enden werden miteinander verklebt. Von oben leicht in die gewünschte Form drücken. Zum Schluss einen Faden mit Hilfe einer Nadel durch zwei gegenüberliegende Seiten ziehen, damit man die Laterne auch aufhängen kann.

Abschlussgebet

Lieber Gott,
du hast Maria und Josef doch noch einen Platz gegeben,
auch wenn es nur ein Stall war.
Aber Maria und Josef
haben es sich bei den Tieren im Stall auch gemütlich gemacht.
Lieber Gott, wir danken dir, dass du uns ein Bett haben lässt
und ein richtiges Haus, in dem wir wohnen und schlafen können.
Bitte behüte uns und unsere Familien.
Amen.

19. Der 4. Advent: Der Stern über Bethlehem

Bibeltext: Lukas 2,8-15

Bilderbücher zum Thema
Brooks, Felicity: Die Weihnachtsgeschichte in Puzzlebildern
Mörchen-Ludwig, Ute: Jesus liebt Kinder

Gedanken zum Thema

Jesus ist geboren! Maria wickelt ihn in Windeln und legt ihn auf weiches Stroh in eine Futterkrippe. Ein Stern leuchtet strahlend über dem Stall. Engel erscheinen den Hirten auf dem Feld außerhalb des Ortes und berichten ihnen von Jesu Geburt. Die Hirten machen sich auf den Weg und finden das neugeborene Kind, das der Retter der Welt sein wird. Sie sind überglücklich und bringen dem kleinen Jesus Geschenke. Als sie den Stall wieder verlassen, wollen sie diese wundersame Geschichte allen erzählen, die sie kennen.

Aktivität: Sterne basteln

Material

- festeres Papier oder Goldpapier
- Scheren
- Nadel und Faden
- evtl. Glitterstifte

Durchführung

Man bestimmt, wer die 1., 2., 3. und 4. Kerze anzünden darf, wer die Streichholzschachtel holt, wer das Streichholz herausnehmen darf (können auch vier Kinder sein - für jede Kerze eines) und wer die Kerzen zum Schluss wieder ausblasen darf.

Nach der Geschichte werden Sterne gebastelt:

- Quadratische Stücke aus dem Papier schneiden (beliebige Größen).
- Die Quadrate diagonal falten.
- Gefaltet lassen und Vorgang wiederholen.
- An der offenen Seite (4 Blätter) einen großen oder und mehrere kleine Keile einschneiden.
- Aufklappen.
- Wer möchte, kann seinen Stern von beiden Seiten mit Glitterstiften verzieren.
- Mit einer Nadel einen Faden durch die Spitze des Sterns ziehen, damit man ihn aufhängen kann.

Wenn die Kinder zustimmen, können sie ihre Sterne an den Christbaum in der Kirche hängen. Ihr Stern ziert am Heiligen Abend den großen Christbaum, wenn der spezielle Weihnachtsgottesdienst für unsere Jüngeren gehalten wird. Durch ihren Stern wirken sie am Gottesdienst mit, selbst wenn sie vielleicht nicht im Krippenspiel mitmachen können. Dieses Zeichen ist für kleinere Kinder sehr wichtig.

Abschlussgebet

Lieber Gott,
wir sind so froh, dass du Jesus zu uns geschickt hast.
Deshalb feiern wir seinen Geburtstag jedes Jahr mit so vielen Menschen.

Lieber Gott,
bitte sei mit uns dabei,
wenn wir dieses Jahr wieder diesen Geburtstag feiern.
Amen.

20. Die Weisen aus dem Morgenland

Bibeltext: Matthäus 2,1-12

Bilderbücher zum Thema
de Kort, Kees: Das große Bibel-Bilderbuch
Nommensen, Klaus-Uwe / Brandt, Susanne / Lefin, Petra: Die Weisen aus dem Morgenland

Gedanken zum Thema

Zurzeit von Jesu Geburt galt in Persien die Deutung, dass ein neuer Stern am Himmel die Ankunft eines großen Königs bedeutete.
Drei Sterndeuter, Caspar, Melchior und Balthasar (das heißt: Junge, Mann und alter Mann) aus Persien machten sich auf den Weg und wurden von dem neuen Stern nach Bethlehem und zu Jesus geführt. Sie übergaben ihm kostbare Geschenke, die eines Königs würdig waren.

Im 16. Jahrhundert gingen Schulkinder und Lehrer von Haus zu Haus und sangen von der Geburt und dem Leben Jesu. Zum Dank erhielten sie kleine Geschenke wie Obst, Nüsse oder Süßes. Das Haus wurde gesegnet und erhielt ein Kreuzzeichen über der Tür C - M - B: Christus - Mansionem - Benedict, das bedeutet „Christus segne dieses Haus" (eine andere Deutung ist, dass es die Namen Caspar, Melchior und Balthasar repräsentiert). Heute sammeln die Sternsinger für einen guten Zweck. Das Brauchtum um die drei Weisen (Heiligen Drei Könige) geht zurück bis ins Jahr 336 n. Chr.

Aktivität: Kronen basteln

Material
- Alufolie
- Scheren
- Klebeband

Durchführung

Man reißt die Alufolie in passende Längen für die Köpfe der Kinder. Das klappt am einfachsten, wenn man die Folie entlang einem Lineal oder über eine Tischkante reißt. Dann können die Kinder lange Streifen rollen oder längs zusammenfalten. Wer will kann auch Zacken aus seinem gefalteten Band schneiden.

Man kann auch drei gerollte Alustreifen miteinander verflechten. Dazu muss man allerdings die Streifen ein gutes Stück länger als den Kopfumfang des Kindes machen. Zum Schluss verbindet man die Enden, indem man sie einfach ineinander dreht oder mit Klebeband festklebt.

Abschlussgebet

Lieber Gott,
du hast einen neuen Stern am Himmel geschaffen,
als Jesus geboren wurde.
So konnten sogar Menschen, die ganz weit weg wohnten,
den Weg zu Jesus finden und ihn besuchen.
Wenn wir heute von Jesus reden,
besuchen wir ihn auch mit unseren Gedanken und unseren Herzen.

Lieber Gott,
bitte sei immer bei uns und unseren Familien.
Amen.

21. Der zwölfjährige Jesus

Bibeltext: Lukas 2,41-52

Bilderbücher zum Thema
de Kort, Kees: Das große Bibel-Bilderbuch

Gedanken zum Thema

Jesus ist nun zwölf Jahre alt und darf zum ersten Mal mit seinen Eltern zum Passafest nach Jerusalem gehen. In der Menschenmenge geht Jesus verloren und seine Eltern suchen ihn verzweifelt. Schließlich finden sie ihn im Tempel, wo er in eine Diskussion mit einigen Gelehrten, die die Heilige Schrift deuten, vertieft ist. Auf die Frage, warum er nicht in ihrer Nähe geblieben ist, antwortet Jesus seinen Eltern, dass der Tempel sein Platz sei, dass er im Haus seines Vaters sein müsse. Aber er geht mit Maria und Josef zurück nach Nazareth und bleibt bei ihnen, bis er erwachsen ist.

Eine unserer größten Sorgen als Eltern ist es, dass wir unser Kind in einer Menschenmenge verlieren könnten. Auch die meisten Kinder werden diese Geschichte sehr gut nachempfinden können.

Aktivität: Verstecken spielen

Durchführung

Ein Kind wird als Sucher gewählt (eventuell Los ziehen lassen). Es muss an einem Ort stehen, von wo aus es nicht sehen kann, wo die anderen sich verstecken. Zur Sicherheit soll es sich noch die Augen zuhalten und bis 20 zählen (wenn ein Kind das noch nicht kann, gibt der Spielleiter dem Kind das Zeichen, wann es losgehen kann, um die anderen zu suchen). Wer zuerst gefunden wird, muss bei der nächsten Runde den Sucher spielen.

Alternative Aktivität: Schnitzeljagd

Wir suchen Jesus!

Material

Luftballons (einen für je zwei Kinder) mit je einem Zettel pro Ballon vorbereiten.

Beispiele dafür, was auf den Zetteln stehen kann

1. Jesus ist im Tempel,
2. bei den weisen Männern.
3. Er redet mit den weisen Männern und sie hören zu, was er zu sagen hat.
4. Sie finden es wichtig ihm zuzuhören.
5. Sie sind erstaunt über seine klugen Antworten.
6. Jesus sagt: „Das ist das Haus meines Vaters.
7. Hier soll ich sein."
8. Aber er geht doch mit Maria und Josef wieder nach Hause.

Dann werden die Zettel aufgerollt und in die Ballons geschoben. Die Ballons werden aufgeblasen und zugeknotet. Alle Ballons kommen in einen großen Sack und werden zur Seite gestellt.

Anweisungszettel (siehe Durchführung) mit der kurzen Geschichte und der Aufgabenstellung für die Kinder aufschreiben und am entsprechenden Platz verstecken.

Durchführung

Man überlegt sich verschiedene Verstecke in dem Bereich, in dem sich die Kinder sicher bewegen können. Die Kinder werden später von einem Hinweisversteck zum nächsten dirigiert, sollten aber, sobald sie in der Nähe des Verstecks sind, den Hinweis selbst finden.

Man erzählt, dass Maria und Josef nun nach Jesus suchen und dass die Kinder dabei helfen sollen. Aber das geht nicht so einfach, weil die Kinder mehrere Aufgaben erfüllen müssen, bis sie den letzten Hinweis finden können, wo Jesus denn nun ist.

Alle sammeln sich z. B. an der Tür und suchen nach dem ersten Hinweis. Der ist vielleicht unter einer umgedrehten Tasse auf einem Regal nahe der Tür. Der Hinweis erzählt z. B., dass Maria und Josef Angst hatten, sich bei all den

Menschen auch noch zu verlieren. So beschlossen sie, ganz nahe zusammenzubleiben - also sollen alle Kinder ganz eng aneinander Seite an Seite / Arm an Arm quer durch den Raum gehen, wo sie am Ende wieder nach einem Hinweis suchen müssen.

Josef und Maria suchen nicht nur in den breiten Straßen, sondern in den ganz engen Gassen, wo sie nur hintereinander gehen können. Außerdem hat es geregnet und sie müssen über Pfützen springen - die Kinder sollen sich jetzt hintereinander aufstellen und die Hände auf die Schultern des Kindes vor sich legen. Dann müssen alle in einer Schlange zum nächsten Zettelversteck hüpfen.

Der nächste Zettel erzählt, wie Maria und Josef ganz verzweifelt sind. Sie wollen Jesus auf gar keinen Fall übersehen, deshalb gehen sie Rücken an Rücken, die Arme eingehakt, um nur ja auch rundherum alles zu sehen - so machen es auch die Kinder. Sie bilden Paare, indem sie sich Rücken an Rücken stellen und ihre Arme rückwärts einhaken. Dann gehen sie gemeinsam im Seitengalopp zum nächsten Ziel. Zum Schluss wird der große Sack mit den Ballons hereingeholt. Je ein Kinderpaar muss jetzt einen Ballon zwischen sich klemmen und versuchen, ihn dadurch zum Platzen zu bringen. Die Zettel werden aus den Luftballonfetzen herausgefischt und vorgelesen.

Als Belohnung für die tatkräftige Mithilfe der Kinder werden Luftballons verteilt, die sie mit nach Hause nehmen können.

Abschlussgebet

Lieber Gott,
es ist gut zu hören,
dass Jesus sich an die gleichen Regeln halten musste wie wir.
Auch wir sollen in einer Menschenmenge
immer ganz nahe bei unseren Eltern bleiben.
Jesus wäre am liebsten in der Kirche geblieben,
aber dazu war er noch zu jung.

Lieber Gott,
bitte pass auf uns auf und sei immer bei uns und unseren Familien.
Amen.

22. Jesus wird getauft

Bibeltext: Lukas 3,1-22

Bilderbücher zum Thema
Mörchen-Ludwig, Ute: Jesus liebt Kinder
Weth, Irmgard: Neukirchener Kinder-Bibel

Gedanken zum Thema

Der Sohn, den der Engel vor vielen Jahren Zacharias und Elisabeth versprochen hatte und den sie - wie versprochen - Johannes genannt haben, ist inzwischen erwachsen. Der Engel sagte damals, dass es sein Auftrag sein werde, den Menschen von dem Retter zu erzählen, der kommen wird. Johannes weiß nicht, wie er das am besten machen soll, und geht in die Wüste, um in Ruhe darüber nachdenken zu können. Er bleibt dort, bis Gott ihm sagt, dass es Zeit ist. Er soll sich aufmachen und den Menschen von dem König und Retter erzählen. Am Fluss Jordan verkündet Johannes von da an allen Reisenden diese Nachricht. Er bietet allen Menschen an, sie zu taufen und im Fluss Jordan von allen Sünden reinzuwaschen. Eines Tages kommt auch Jesus zu ihm. Als er sich von ihm taufen lässt, kommt eine Taube auf Jesus herab und eine Stimme ruft vom Himmel: „Du bist mein Sohn! Dich habe ich lieb."

Aktivität: Namensschilder

Material

- Wäscheklammern aus Holz
- buntes Tonpapier/Fotokarton
- Malstifte, Schere und Kleber

Durchführung

Aus Tonpapier Schilder ausschneiden. Das kann z. B. ein Stern sein oder auch ein Herz (einfach zu basteln, wenn man Quadrate schneidet und halb knickt. So braucht man nur entlang der offenen Seite ein halbes Herz/Stern usw. zu schneiden und bekommt ein symmetrisches Ergebnis). Namen auf den Karton schreiben (wer das schon kann, macht es selbst). Die Namensschilder bunt anmalen und auf die Wäscheklammer kleben. Man kann die Namen zum Schluss an eine Wäscheleine klipsen, die man im Raum gespannt hat, oder an die Kleidung und mit nach Hause nehmen.

Alternative Aktivität: Tauben-Mandala ausmalen

Material

- Kopien vom Tauben-Mandala (siehe unten)
- Buntstifte, Wachsmalstifte oder Filzstifte

Vorlage Mandala

Abschlussgebet

Lieber Gott,
du hast vor allen Menschen bekannt, dass Jesus dein geliebter Sohn ist.
Vielen Dank, dass du auch uns lieb hast!
Amen.

23. Die ersten Jünger

Bibeltext: Matthäus 4,18-22

Bilderbücher zum Thema
Weth, Irmgard: Neukirchener Kinder-Bibel

Gedanken zum Thema

Jesus machte nach und nach 12 Menschen zu seinen Jüngern, zu seinen Schülern. Sie verließen ihre Familien und Berufe und gingen mit ihm, um „Menschenfischer“ zu werden, d. h., um Menschen für Gott zu gewinnen.

Aktivität: Angelspiel

(fertig gekauft oder selbst gebastelt)

Material für ein selbstgebasteltes Angelspiel

- einen Pappkarton ca. 40 x 40 x 40 cm groß (oben offen) = Aquarium (Bei vielen Kindern kann der Karton auch größer sein.)
- mindestens 3-mal so viele Korken (= Fische) wie Kinder mitspielen
- eine Ringschraube für jeden Korken
- so viele Holzstäbe ca. 60 cm lang (= Angeln) wie Kinder mitspielen
- ebenso viele Büroklammern (= Angelhaken) wie Holzstäbe
- genügend Schnur
- Farben und Pinsel, wenn man die Fische (Korken) und das Aquarium (Pappkarton) bunt anmalen will
- Buntpapier, wenn man die Fische mit Flossen verzieren will
- Kleber

Durchführung

Angelspiel basteln

Man dreht eine Ringschraube in jeden Korken (das ist das Maul, an dem der Fisch gefangen wird). Dann knotet man je ein ca. 30 cm langes Stück Schnur an die Enden der Holzstäbe und befestigt je eine Büroklammer am anderen Ende der Schnüre (das sind die Angelhaken). Man biegt die Büroklammern

etwas auf, damit die so entstandenen Haken durch die Ringschrauben gehen (der Fisch geangelt werden kann).
Wer möchte, kann Fische und Aquarium noch bunt anmalen und die Fische mit Flossen, die man aus Buntpapier schneidet, verzieren.

Wenn die Kinder einen Fisch/Mensch erfolgreich geangelt haben, kann man sie fragen, was sie dem „Geangelten“ wohl von Gott erzählen können - etwas, das sie schon von Gott gelernt haben.

Alternative Aktivität: Menschenfischer

Fangen spielen

Durchführung

Ein Kind spielt den Menschenfischer (Fänger) und muss den anderen nachlaufen und versuchen, sie zu fangen.

Sobald es ein Kind gefangen hat, erzählt es etwas, was es schon von Gott weiß, z. B. Gott hat dich lieb, Gott hat uns 10 Gebote gegeben, Gott hat die ganze Welt gemacht, Gott freut sich, wenn wir mit ihm reden, Gott kann Wunder tun usw. Dann kann es sich auf den Boden setzen. Das gefangene Kind wird zum neuen Menschenfischer, bis es ein anderes Kind fängt und ihm auch etwas über Gott gesagt hat.

Abschlussgebet

Lieber Gott,
wir wollen anderen Menschen von dir erzählen,
damit ganz viele Menschen dich kennenlernen
und damit sie wissen, wie gut du es mit uns meinst.

Lieber Gott,
bitte behüte uns und unsere Familien.
Amen.

24. Lasst die Kinder zu mir kommen

Bibeltext: Markus 10,13-16

Bilderbücher zum Thema
Weth, Irmgard: Neukirchener Kinder-Bibel

Gedanken zum Thema

Jesus war im Gespräch mit gelehrten Männern, als eine Schar Mütter mit ihren Kindern kam. Die Jünger wollten Jesus vor der lärmenden Schar beschützen und außerdem dachten sie, dass Kinder eh noch nicht genug Verstand hätten, um Jesus zu verstehen. Die Männer, mit denen Jesus jetzt sprach, waren viel wichtiger. Und so herrschten die Jünger die Mütter mit ihren Kindern an, dass sie Jesus in Ruhe lassen sollten.
Jesus aber wurde böse auf die Jünger und sagte, dass die Kinder zu ihm kommen sollten, dass sie mehr zu Gott gehörten als sie alle und dass keiner zu Gott kommen kann, der nicht wie diese Kinder wird. Er winkte die Kinder zu sich, schloss sie in die Arme und segnete sie.

Für Kinder ist dies eine sehr bekannte Situation: Oft werden sie nicht für voll genommen, ihre Fröhlichkeit und Unbefangenheit werden als lästig oder störend empfunden. Jesus macht hier eine ganz wichtige Aussage. Die Unvoreingenommenheit, Unschuld, Offenheit und Fröhlichkeit der Kinder sieht er als wichtiger an als die Diskussion mit den Gelehrten. Er unterbricht sie, um sich mit den Kindern zu beschäftigen und sie zu segnen. Er tadelt seine Jünger für ihr Verhalten, ja, er hebt noch zusätzlich hervor, dass diese Kinder Gott näher sind und dass keiner zu Gott kommt, der nicht wird wie sie.

Aktivität: Bild ausmalen

Wir sind wichtig - Jesus hat uns lieb.

Material

- Kopien des Bildes (siehe nächste Seite)
- Buntstifte/Wachsmalstifte

Ausmalbild

Abschlussgebet

Lieber Gott,
Jesus hat gesagt, dass wir dir sehr wichtig sind
und dass wir immer zu dir kommen können. Das tut so gut.
Bitte behüte uns alle.
Amen.

25. Jesus wäscht den Jüngern die Füße

Bibeltext: Johannes 13,1-15

Bilderbücher zum Thema
Weth, Irmgard: Neukirchener Kinder-Bibel

Gedanken zum Thema

Am Tag des Passafestes hatte Jesus zwei Jünger voraus in die Stadt geschickt, damit sie das Festmahl vorbereiten sollten. Jesus kam am Abend mit den restlichen Jüngern nach. Es war üblich, dass ein Diener den Leuten, die eine Reise auf den staubigen Straßen hinter sich hatten, am Eingang des Hauses die Füße wusch, sodass sie erfrischt und sauber zum Essen gehen konnten. So stand auch diesmal eine Schüssel mit Wasser bereit, aber kein Diener. Jesus aber stand auf und wusch seinen Jüngern die Füße rein und erfrischte sie. Die Jünger waren entsetzt, dass er diese Dienerpflicht übernahm. Jesus sagte, wenn er sie nicht reinigen würde, würden sie nicht richtig zu ihm gehören. Er sei zwar ihr Herr, aber er habe getan, was ein Diener tut, und so sollen auch sie Diener sein und einander dienen.

Aktivität: Füße waschen

Material

- Waschschüssel(n) mit warmem Wasser
- genügend Handtücher
- Stühle oder Hocker

Durchführung

Man kann den Kindern zur Einstimmung ausmalen, wie das ist, wenn man eine lange Wanderung an einem heißen Tag gemacht hat und dicke Socken und Turnschuhe anhatte. Man kann weitererzählen, dass man an einen kühlen Bach oder See oder ans Meer kam und wie man dann die Schuhe und Socken auszog - vielleicht ein wenig die Nase gerümpft hat wegen des strengen

Geruchs, der einem dabei um die Nase strich, und dann die Füße in das kühle, sauber Wasser stellte. Wie mag man sich gefühlt haben?

Und dann bietet man den Kindern an, ihre Füße zu waschen. Dabei erzählt man ihnen die Geschichte. Wenn viele Kinder da sind, kann man die Füße waschen, während man die Geschichte erzählt, weil es sonst schwierig ist, die Kinder, die nicht beteiligt sind, zu beschäftigen. Allerdings ist die Aufmerksamkeit gestört und man muss gut auf den Erzählstil achten. Wenn es nur wenige Kinder sind, kann man es im Anschluss an die Geschichte tun.
Es ist erstaunlich wie gern Kinder dabei mitmachen. Nach meiner Erfahrung wollten sie am liebsten die Füße mehrmals gewaschen bekommen und stellten sich wieder hinten an.

Danach kann man noch einmal hervorheben, dass Jesus mit seinen Jüngern an einem heißen Tag über staubige Straßen gewandert war. Deshalb stand die Wasserschüssel ja auch am Abend bereit, aber keiner der Jünger wollte den Dienst übernehmen - sie waren sich zu fein. Oder sie waren müde von dem langen Tag. Aber Jesus war sich nicht zu fein, er tat das für sie, damit sie sich wohlfühlten und sauber wurden - nicht nur von dem Dreck, der von dem staubigen Weg an ihren Füßen klebte, sondern er wusch sie auch sauber von allem, was sie vielleicht während des Tages verkehrt gemacht hatten, damit sie ganz zu ihm gehören konnten. D. h. er vergab ihnen, was sie falsch gemacht hatten. So konnten sie sich rundherum wohlfühlen. Jesus wollte, dass seine Jünger dasselbe auch füreinander tun sollten. Sie sollten auch für andere da sein, anderen helfen, ihnen etwas Gutes tun - und anderen vergeben, wenn sie etwas verkehrt gemacht hatten.

Man kann die Kinder fragen, was sie meinen, was sie anderen tun können, damit sie sich wohlfühlen. Womit können sie anderen helfen? (Im Haushalt, im Garten, den Hund füttern usw.)

Abschlussgebet

Lieber Gott,
es fühlt sich so gut an, wenn man den Schmutz weggewaschen bekommt.
Wir wollen das gern jeden Tag haben. Deshalb beten wir zu dir,
damit du alles Schlechte von uns nimmst und uns sauber machst.
Wir wollen auch anderen helfen, so wie Jesus anderen geholfen hat.
Bitte behüte uns und alle, die wir kennen.
Amen.

26. Abendmahl

Bibeltext: Matthäus 26,20-29

Bilderbücher zum Thema
Miller, Gabriele: Die Ostergeschichte: den Kindern erzählt
Weth, Irmgard: Neukirchener Kinder-Bibel

Gedanken zum Thema

Das Passafest begann und die Jünger und Jesus saßen an einem festlich gedeckten Tisch mit leckeren Speisen. Aber Jesus war traurig und sagte, dass dies das letzte Essen sei, das er mit seinen Jüngern teilen würde. Er erzählte, dass einer der Jünger ihn verraten würde und er von seinen Feinden gefangen und getötet werden würde. Die Jünger waren entsetzt und konnten nicht verstehen, was Jesus da erzählte.
Aber dann nahm Jesus das Brot, dankte Gott und brach es in Stücke. Die gab er den Jüngern und sagte: „Nehmt und esst, das ist mein Leib." Dann nahm er den Becher, dankte Gott, gab ihn seinen Jüngern und sagte: „Trinkt alle daraus; das ist mein Blut, das für euch vergossen wird zur Vergebung der Sünden."

Das Abendmahl gehört wie die Taufe zu den Sakramenten. Es ist für uns Christen sehr wichtig, weil wir beim Abendmahl an Jesus denken und daran, dass er sich für uns geopfert hat. Er hat gesagt, dass wir das Abendmahl feiern sollen, denn er wird dann immer mitten unter uns sein, solange bis er wiederkommt.

Exkurs Abendmahl

Es gibt nun sehr unterschiedliche Auffassungen darüber, wer das Abendmahl austeilen darf und an wen. Privat liegt das natürlich im Ermessen eines jeden Einzelnen, aber in einem Kindergottesdienst muss das schon mit dem Pfarrer abgesprochen werden.

1. Petrus 2,5-10 dient als Fundament in der Bibel für alle, die den Standpunkt vertreten, dass jeder, der getauft ist und glaubt, das Abendmahl austeilen darf.

Hier noch ein paar Gedanken zugunsten des Abendmahls für Kinder
Kinder wurden erst im Jahr 1190 vom Abendmahl ausgeschlossen. Davor war es üblich, dass sie am Abendmahl teilnahmen. In Markus 10,14 wird berichtet, dass Jesus die Kinder besonders liebte und sie sogar als Vorbild für die Erwachsenen hinstellte.
Viele vertreten die Meinung, dass es unlogisch sei, Kinder zu taufen, ihnen aber die Teilnahme am Abendmahl zu verweigern. Beide Sakramente sind miteinander verbunden.

Aktivität: Abendmahl mit Kindern feiern

Material
- Weißbrot oder Hefezopf / Hostien / ungesäuertes Brot
- Kelch mit Traubensaft, desinfizierende Tücher zum Abwischen des Kelches
- oder kleine Trinkgefäße für jedes Kind

Durchführung
Um den Kindern diese Handlung zu erklären, ist es wichtig, erst einmal darüber zu reden, dass wir alle Fehler machen - jeder! Es gibt keinen Menschen auf der Erde, der nicht schon einmal etwas falsch gemacht hat.
Die Kinder haben schon von den 10 Geboten gehört und können bestimmt erzählen, dass sie schon mal eines der Gebote gebrochen haben:
- Da war der Schokoladenriegel, den man heimlich auf die Seite getan hat, weil man ihn allein essen wollte.
- Oder der Streit, den man mit seinem Freund hatte.
- Eine Lüge, die vertuschen sollte, dass man etwas getan hatte, was man nicht durfte.
- ...

Vielleicht kennen die Kinder auch die Geschichte von den beiden Knechten und haben gehört, wie wichtig es ist zu vergeben (Mt 18,21-35).
Weil nun die Menschen aber immer wieder schlimme Dinge machen, hat sich Jesus für uns geopfert. Er ist für uns gestorben, damit wir weiterleben können und nicht für unsere Fehler bestraft werden müssen. Er hat unsere Fehler weggewaschen.
Alles, was er von uns dafür möchte, ist, dass wir mit anderen Menschen zusammenkommen, die auch an Gott glauben, und darüber nachdenken, was wir in letzter Zeit verkehrt gemacht haben und was wir besser machen kön-

nen. Dass wir anderen vergeben, die etwas verkehrt gemacht haben, und auch uns selbst: Das ist das Geschenk, das Jesus uns gemacht hat. Denn bevor Jesus zu uns kam, war die Welt eine sehr rachsüchtige Welt (Auge um Auge, Zahn um Zahn). Durch Jesus wissen wir nun, dass uns vergeben wird - so wie wir anderen vergeben.

Dann segnet derjenige, der das Abendmahl austeilt, das Brot / die Hostie und den Traubensaft und sagt die Worte, die Jesus damals zu seinen Jüngern gesagt hat (nach 1. Kor 11,23-25).

Alternative Aktivität

Man kann erklären, dass wir ja alle essen und auch etwas trinken müssen, wenn wir leben wollen. Jesus hat gesagt, er ist für uns so wichtig wie das Essen und Trinken. Wenn wir zusammen sind und etwas essen und trinken und dabei an ihn denken, ist er mitten unter uns. Wenn wir das im Gottesdienst tun, dann erinnern wir uns auch daran, dass Jesus all die Fehler, die wir machen, für uns bereinigt. Jesus hat uns damals etwas geschenkt, nämlich dass wir sicher sein können, dass er immer bei uns ist, wenn wir mit anderen dieses Essen teilen.
Danach werden Stücke von dem Brot / der Hostie an alle Kinder verteilt. Dabei kann man die Worte sagen: „Iss dies, denn in dem Brot kommt Jesus zu dir und zu allen, die mit dir hier stehen."
Dann bekommt jeder auch einen Schluck von dem Traubensaft zu trinken. Dabei kann man die Worte sagen: „Trink dies und Jesus wird ein Teil von dir und nimmt alles von dir, was du falsch gemacht hast. Gott vergibt dir."

Man kann hervorheben, dass das Abendmahl ein schönes Erlebnis ist, weil es uns frei macht und weil so auch Frieden über uns kommt.
Im Anschluss können sich alle gegenseitig „Friede sei mit dir!" sagen und sich die Hände geben.

Abschlussgebet

Lieber Gott,
danke, dass du uns Jesus geschickt hast, der uns so viel von dir erzählt hat.
Jesus ist für uns gestorben, damit wir frei sein können.
Dafür danken wir dir.
Amen.

27. Jesu Tod und Auferstehung

Bibeltext: Matthäus 27,31-54; 28,1-10

Bilderbücher zum Thema
de Kort, Kees: Das große Bibel-Bilderbuch
Miller, Gabriele: Die Ostergeschichte: den Kindern erzählt
Weth, Irmgard: Neukirchener Kinder-Bibel

Gedanken zum Thema

Und es geschah so, wie Jesus es beim letzten Abendessen mit seinen Jüngern gesagt hatte: Jesus wurde von Judas verraten, er wurde gefangen genommen und zum Tode verurteilt. Die Soldaten drückten ihm eine Dornenkrone auf und verhöhnten den „König der Juden". Sie ließen ihn sein schweres Holzkreuz nach Golgatha schleppen und dort kreuzigten sie ihn neben zwei Dieben. Jesus starb, wie er es vorhergesagt hatte.
Jesus wurde in einer Höhle begraben und ein schwerer Stein wurde vor den Eingang gerollt. Das Grab wurde von Soldaten Tag und Nacht bewacht. Als am dritten Tag Maria und Maria Magdalena zum Grab gingen, fanden sie den Stein weggerollt und das Grab leer. Ein Engel sagte ihnen, dass Jesus auferstanden sei. Sie waren so froh darüber. Da kam ihnen ein Mann entgegen, den sie erst auf den zweiten Blick erkannten. Es war Jesus. Er sagte ihnen, dass sie schnell zu den Jüngern laufen sollten, um ihnen zu erzählen, dass er lebte und dass sie ihn wiedersehen würden.

Aktivität: Kreuzweg

Die Geschichte anhand eines Kreuzweges erzählen

Material

- buntes DIN-A3- oder DIN-A4-Papier:
  3 graue Blätter, 1 rotes Blatt, 3 schwarze Blätter, 1 gelbes Blatt
- 1 Teelicht
- Streichhölzer

Durchführung

Vorbereitung

Man legt die Blätter auf den Boden:

- 1 trauriges, graues Blatt für den Teil, der die Verurteilung Jesus erzählt.
- 1 weiteres trauriges, graues Blatt, wenn Jesus das Kreuz auf die Schultern nimmt.
- 1 rotes Blatt der Liebe für Jesu Mutter Maria und seinen Jünger Johannes, die beide da sind, ihm aber nicht weiterhelfen können; und für Simon, der Jesus hilft, das Kreuz zu tragen.
- 1 trauriges, graues Blatt, als man Jesus ans Kreuz genagelt hat.
- Dann 3 schwarze Blätter waagerecht nebeneinander für Jesus und die beiden Räuber, die mit ihm gekreuzigt werden.
- 1 leuchtend, gelbes Blatt vollendet das Kreuz und symbolisiert den auferstandenen Jesus.

Alle setzen sich im Kreis um die Blätter. Man zündet das Teelicht an und setzt es auf das erste graue Blatt. Dann erzählt man die Geschichte (oder liest sie vor) und bewegt das brennende Teelicht von einer Station zur nächsten. Wenn man bei Jesu Tod anlangt (auf dem schwarzen Blatt), löscht man die Kerze und wartet ein wenig, bevor man die Geschichte weitererzählt. An dem Punkt, als Maria und Maria Magdalena zum Grab kommen und sehen, dass der Stein weggerollt ist, rückt man das Teelicht auf das gelbe Blatt und zündet es wieder an.

Es ist wichtig, dass man mit dem hoffnungsvollen Licht endet.

Abschlussgebet

Lieber Gott,
das ist sehr traurig, was die Menschen mit Jesus gemacht haben,
aber er hat ihnen alles vergeben.
Jesus ist für alle Menschen gestorben, die damals gelebt haben,
die heute leben und für die, die noch geboren werden.
Du hast ihn nicht allein gelassen, als er starb,
sondern hast ihn wieder auferweckt und er lebt.
Und das ist die gute Nachricht, die wir an Ostern weitersagen können.
Bitte behüte uns und unsere Familien.
Amen.

28. Ostern

Bibeltext: Matthäus 28,1-10

Bilderbücher zum Thema
de Kort, Kees: Das große Bibel-Bilderbuch
Miller, Gabriele: Die Ostergeschichte: den Kindern erzählt
Weth, Irmgard: Neukirchener Kinder-Bibel

Gedanken zum Thema

Als wir in Kapstadt/ Südafrika lebten, hatte unsere Kirchengemeinde dort einen eindrucksvollen Brauch: Am Ostersonntagmorgen haben wir uns alle vor Sonnenaufgang auf dem Signal Hill getroffen und dort unseren Ostergottesdienst gefeiert, während die Sonne am Horizont aus dem Frühnebel in den Tälern stieg. Alle waren immer begeistert von diesem einprägsamen, hoffnungstragenden, besonderen Erlebnis. Die Kinder liebten diesen etwas verkürzten Gottesdienst ebenso und die allgemeine Fröhlichkeit wurde mit einem anschließenden gemeinsamen Picknick und Ostereiersuchen für die Kinder noch verstärkt. Das Wetter musste natürlich mitmachen und man braucht einen Plan B für bewölkten Himmel und Regenwetter.

Aktivität: Sonnenaufgang

Es gibt überall Möglichkeiten, diesen symbolischen Sonnenaufgang in einer Gemeinschaft zu erleben und die Auferstehung von Jesus zu feiern: auf einem Hügel, auf dem Land, in einem Stadtpark, auf dem Kirchengelände. Kinder allen Alters werden ein solches Erlebnis ihr Leben lang als ganz besonders in ihrem Herzen halten.

Alternative Aktivität: Osterglocken

Bedeutung der Osterglocken erklären

Material

- für jedes Kind eine Osterglocke

Durchführung

Falls es regnet und man in der Kirche die Auferstehung feiert, kann man einen Strauß Osterglocken mitbringen (genügend, um jedem Kind eine Blume mit nach Hause zu geben).

Man nimmt eine solche Osterglocke in die Hand und erzählt, dass Ostern immer in den Frühling fällt: wenn die Bäume und Blumen nach dem langen Winterschlaf wieder aufwachen, wenn nicht nur das traurige Krächzen der Krähen unter einem grauen Himmel zu hören ist, sondern wenn die Amsel ihr fröhliches Morgenlied zwitschert und die Zugvögel wieder aus ihren Ferien in wärmeren Ländern zu uns zurückkommen. Der Frühling macht uns fröhlich, weil die Tage länger werden und die Sonne wärmer scheint. Er lässt unser Herz hüpfen vor Vorfreude auf Spiele, die wir wieder draußen spielen können.

Die ersten Blumen blühen schon und eine von ihnen ist die Osterglocke. Sie hat die freudige Farbe des Lichtes - ein leuchtendes Gelb. Sie trägt einen leuchtenden Strahlenkranz um ihren Kopf - wie eine Sonne - und ihre Blüte sieht aus wie eine goldene Glocke. Sie stimmt uns fröhlich, weil sie uns von dem neuen Anfang erzählt - dem neuen Leben, das erwacht.

Das ist ähnlich wie die wirklichen Glocken, die für uns läuten und uns fröhlich sagen, dass Ostern ist. In Deutschland hat jede Kirche in jedem Ort Glocken. Sie haben früher, als es noch keine Armbanduhren gab, die Leute „gerufen und gesagt“, dass es Zeit zum Beten ist oder Zeit, um von der Arbeit nach Hause zu gehen, oder Zeit, in die Kirche zu kommen, oder Zeit, am Morgen aufzustehen. Sie läuten, wenn es etwas zu feiern gibt - wie eine Hochzeit, und sie läuten, wenn ein Mensch gestorben und zu Gott gegangen ist. Sie läuten auch an Ostern und kündigen uns an, dass Jesus auferstanden ist. Es ist ein hoffnungsvolles Läuten und wir freuen uns alle.

Die kleine Osterglocke hat ihren Namen also zu Recht bekommen, denn sie sieht nicht nur so aus wie eine kleine Glocke, sie bringt auch Freude in unsere Herzen, Vorfreude!

Abschlussgebet

Lieber Gott,
danke, dass du Jesus zu uns geschickt hast
und dass er von den Toten auferstanden ist.
Sei immer bei uns und unseren Familien.
Amen.

29. Das Gleichnis vom Senfkorn

Bibeltext: Matthäus 13,31-32

Bilderbücher zum Thema
Bruners, Wilhelm / Saaliste, Ysabelle: Die Geschichte vom kleinen schwarzen Senfkorn

Gedanken zum Thema

Das Gleichnis vom Senfkorn zeigt uns, wie Gottes Reich, in dem Platz für alle ist, aus einem kleinen Anfang ganz groß werden kann. Wir fangen alle klein an - winzig wie im Fall des Senfkorns. Auch unser Glaube beginnt oft klein und zart und ist empfindlich gegen die Umwelteinflüsse. Aber er birgt die Chance in sich, mit der richtigen Pflege zu einem großen Baum zu werden. Ein Baum, der nicht nur Wind und Wetter trotzt, sondern der genügend Raum bietet, auch andere zu beschützen. Das Wachsen-Lassen übernimmt dabei Gott.

Aktivität: Meditation

Material

- Kissen, Decken
- genügend Platz, damit sich alle bequem ausstrecken können, ohne sich zu berühren

Durchführung

Die Kinder legen sich auf den Boden, ein Kissen unter den Kopf - ganz bequem. Wenn möglich sollten die Kinder die Augen schließen, um sich alles besser vorstellen zu können und nicht von anderen abgelenkt zu werden.

Man erzählt mit ruhiger und gleichmäßiger Stimme die Geschichte eines Senfkorns. Man macht bei den Absätzen immer eine Pause, um den Kindern Zeit zu geben, sich in die Geschichte einzufühlen und sie sich vorstellen zu können.

Stell dir vor, du bist ein Senfkorn. Ganz winzig und klein.
Leg dich auf die Seite und mach dich so klein, wie du nur kannst.
Du bist jetzt das kleinste unter allen Samenkörnern.
Jemand legt dich in die Erde. Hier ist es dunkel, aber nicht kalt.
Ganz ruhig liegst du da - ganz so, als ob du schlafen würdest.
Nun wird es wärmer. Die Strahlen der Sonne haben dich durch die Erde hindurch erreicht.
Es wird richtig wohlig warm.
Dazu die feuchte Erde. Hmm, sie gibt dir zu trinken und du fängst ganz langsam an, größer zu werden.
Du streckst dich aus und rollst dich auf den Rücken.
Du fühlst dich stärker.
Deine Haut fängt an zu prickeln - sie spannt sich und - plopp - kommt ein kleiner Halm aus dir.
Du fühlst, wie der kleine Halm nach oben durch die Erde wächst, der Sonne entgegen.
Er ist noch ganz zart und blassgrün, aber du merkst, wie du ihm mehr und mehr Kraft geben kannst.
Du freust dich in der warmen Sonne.
In der Erde schlägst du Wurzeln, die den Halm festhalten, sodass er nicht umfällt.
Und immer weiter schiebst du den Halm nach oben - er wird dabei immer stärker.
Jetzt ist er schon so stark, dass ihm Äste wachsen können - sie wachsen in alle Himmelsrichtungen.
Der Wind streichelt ihn, die Sonne wärmt ihn.
Er hat viele Blätter, die wie ein Dach sind.
Es ist so schön bei ihm, dass ihn Vögel und Bienen und Käfer besuchen und auf seinen Zweigen ihre Lieder zwitschern und summen und brummen.
Schäfchen kommen und ruhen sich in seinem Schatten aus.
Er ist die größte unter allen Gemüsepflanzen geworden - groß wie ein Baum.

Am Schluss der Meditation klatscht man in die Hände und sagt: „Jetzt sind wir alle wieder Menschenkinder."

Man kann nun darüber reden, dass ja auch die Kinder noch klein sind - ähnlich wie ein kleiner Samen. Auch sie wollen wachsen, Freude haben und anderen eine Freude machen - wie die Senfpflanze, die die Vögel in ihre Äste eingeladen hat, und die Schafe, die sich in ihrem Schatten ausruhen durften. Als Kinder können sie anderen eine Freude machen, indem sie jemandem helfen oder etwas Schönes für jemanden malen oder basteln. Und genauso wie die Kinder größer werden, kann auch ihr Glaube an Gott wachsen, sie können immer mehr von ihm lernen.

Weiterführende Aktivität: Sonnenblumen

Sonnenblumen säen. Aus ihrem kleinen Korn wird eine große Blume. Daran freuen sich die Vögel und Menschen.

Material

- für jedes Kind einen ca. 20 x 20 cm großen Blumentopf mit Untersetzer
- eine oder mehrere Tüten Sonnenblumensamen (abhängig von Kinderzahl)
- Blumenerde
- Wasser

Durchführung

Jedes Kind bekommt einen Blumentopf, den es mit Blumenerde füllt. Die Erde wird angefeuchtet und die Kinder können nun einen Sonnenblumensamen ca. 3 cm tief in die Erde stecken.

Die Kinder sollen die Töpfe mit nach Hause nehmen, einen sonnigen Platz für sie finden und den Samen pflegen / regelmäßig wässern. So sehen sie, wie der Samen keimt und wächst. Man muss mit einer Keimzeit von ca. 2 Wochen rechnen und sollte das den Kindern auch sagen. (Z. B. „Die Samen brauchen Zeit, bis sie aus der Erde wachsen. Wir werden uns zweimal treffen, bevor wir sie wachsen sehen können. Aber egal, ob wir sie sehen können oder nicht, sie brauchen jeden Tag Wasser.“)

Man kann den Kindern erzählen, dass genauso, wie sie jetzt jeden Tag nach ihren Samen gucken, damit er nicht vertrocknet und auch genug Licht bekommt, sie auch jeden Tag mit Gott reden sollen, zu ihm beten und ihm alles erzählen, was schön oder traurig ist. Es wird lange dauern, bis aus dem Samen eine große, schöne Sonnenblume geworden ist – fast fünf Monate! Aber umso mehr können wir stolz darauf sein, dass wir auch so lange jeden Tag nach ihr geschaut und sie gepflegt haben.

Wer einen Garten hat, kann die Sonnenblume auch später auspflanzen.

Alternativ zu Sonnenblumen kann man auch Kressesamen nehmen. Der bietet sich besonders für die jüngeren und ungeduldigen Kinder an, die schnellere Erfolge sehen wollen. Kressesamen braucht nur ca. 2 - 3 Tage zum Keimen und kann schon innerhalb einer Woche geerntet werden. Kresse wächst zwar nicht zu beeindruckender Höhe, aber sie gibt ein schnelles Erfolgserlebnis und belohnt so die Mühe der Kinder.

Das Ziehen von Kresse ist auf Seite 99 beschrieben.

Abschlussgebet

Lieber Gott,
wir sind noch klein und wollen wachsen
wie das Senfkorn in deiner Geschichte.
Auch unser Glaube soll so wachsen.
So wie wir jetzt jeden Tag nach unseren Samen gucken müssen,
damit sie nicht vertrocknen und auch genug Licht bekommen,
so wollen wir auch jeden Tag mit dir reden, zu dir beten
und dir alles erzählen, was schön oder traurig ist.
Bitte behüte uns alle.
Amen.

30. Von den beiden Knechten

Bibeltext: Matthäus 18,21-35

Bilderbücher zum Thema
Mörchen-Ludwig, Ute: Jesus liebt Kinder
Weth, Irmgard: Neukirchener Kinder-Bibel

Gedanken zum Thema

Die Geschichte handelt von zwei Knechten und einem König. Der erste Knecht schuldete dem König eine Menge Geld. Der König erließ ihm die Schuld aus Mitleid - er vergab ihm. Nun schuldete ein anderer Knecht aber dem ersten Knecht einen ganz kleinen Betrag. Der erste Knecht vergab ihm nicht, sondern warf ihn ins Gefängnis. Als der König das hörte, wurde er sehr böse, weil der erste Knecht nicht auch vergeben konnte, wie ihm vergeben worden war. Der König ließ ihn auch ins Gefängnis werfen und sagte, dass er dort bleiben müsse, bis er seine Schuld beglichen habe.
Im Vaterunser beten wir, dass wir denen vergeben wollen, die uns Unrecht getan haben - so wie uns von Gott das vergeben wird, was wir verkehrt gemacht haben.

Aktivität: Herzen befreien

Material

- möglichst glatte Kieselsteine (nach Anzahl der Kinder)
- Fingerfarben/Permanent-Marker
- selbstklebende Schildchen, auf die man die Namen der Kinder schreibt, damit auch jeder am Schluss sein Herz zurückbekommt.
- Küchenpapierrolle und Waschlappen/Handtücher mit Wasserschüssel (um die bunten Hände wieder sauber zu kriegen)
- einen größeren Karton (das „Herz-Gefängnis"), in den man an einer Seite Schlitze schneidet, sodass man hineingucken kann. Der Karton steht auf einem niedrigen Tisch oder Stuhl in Augenhöhe der sitzenden Kinder.
- Klebeband
- Plastikmesser für die Kinder

Durchführung

Die Kinder malen ein Herz auf ihren Stein. Wenn die Kinder fertig sind, klebt man unter jeden Stein den Namen des Kindes, erzählt noch einmal die Geschichte in Kurzform und sagt: „*Weil der erste Knecht dem anderen nicht vergeben hat, kam er auch ins Gefängnis.*
Wir haben jetzt so schöne Herzen gemacht. Stellt euch mal vor, jemand wäre unfair zu diesen schönen Herzen gewesen, einfach ungerecht. Und unsere schönen Herzen hätten demjenigen nicht vergeben. Sie haben nicht gesagt: ‚Schwamm drüber, lass uns die Sache vergessen, ich vergebe dir, lass uns Freunde bleiben.' Nein, sie sind sauer geworden und wütend. Was macht ihr, wenn ihr wütend seid?"

Wenn die Kinder geantwortet haben, kann man sagen: „Genauso haben diese Herzen auch gehandelt. Nun lasst mich mal alle Herzen einsammeln."

Man sammelt die Steinherzen ein und legt sie in das Kartongefängnis.
(Achtung: Wenn die Herzen noch nicht getrocknet sind, muss man sie besonders vorsichtig in den Karton legen, damit die Farbe nicht verschmiert.)

Danach klebt man den Karton zu und schaut gemeinsam mit den Kindern durch die Gitterstäbe, wie die Herzen da im Gefängnis liegen. Man fragt die Kinder, ob die Herzen wohl in dem dunklen Gefängnis glücklich oder traurig sind. Ob sie sich in dem Gefängnis wohl einsam fühlen? Ob sie nicht lieber frei im Sonnenschein mit den Kindern spielen würden?

Weshalb sind sie noch einmal in das Gefängnis gekommen? Was wohl die Herzen machen müssten, um aus dem Gefängnis wieder herauszukommen? Vergeben? Können sie das? Was müssten sie tun oder sagen, um demjenigen zu vergeben, der sie traurig oder ärgerlich gemacht hat?
Ja, wenn sie das können, können sie auch aus dem Gefängnis befreit werden!

Man verteilt die Plastikmesser an die Kinder und gemeinsam schneidet man die Klebebandstreifen durch und öffnet das „Gefängnis" (wenn man Kinder dabei hat, die zu temperamentvoll sind, schneidet man am besten selbst das „Gefängnis" auf).

Die Herzen werden den Kindern zurückgegeben.

Man schlägt vor, dass die Kinder das Herz jemandem schenken können, auf den sie einen Groll hegen und dem sie vergeben wollen, z. B. einem Geschwister oder einem Freund, der etwas nicht geteilt hat, etwas zerbrochen hat usw. oder Mama/Papa, die/der nicht mit einem Eis essen gegangen war, obwohl sie/er es versprochen hatte.

Es geht darum, dass wir vergeben sollen – immer und immer wieder, dass wir unsere Herzen nicht in das Gefängnis der Wut, des Ärgers und Grolls einsperren.

Abschlussgebet

Lieber Gott,
bitte hilf uns, dass wir nicht wütend werden, wenn uns mal etwas Ungerechtes geschieht.
Bitte hilf uns, dass wir vergeben können.
Es ist viel schöner, Freunde zu bleiben, als sich zu streiten.
Lieber Gott, bitte sei immer bei uns und unseren Familien.
Amen.

31. Von den verlorenen Söhnen

Bibeltext: Lukas 15,11-32

Bilderbücher zum Thema
Lindgren, Astrid: Pelle zieht aus
Weth, Irmgard: Neukirchener Kinder-Bibel

Gedanken zum Thema

Ein Vater hatte zwei Söhne. Der Jüngere ließ sich sein Erbteil auszahlen und wanderte in die „große weite Welt". Er gab das Geld schnell aus und war bald arm und hungrig. Da bereute er, dass er den Vater verlassen hatte, und kehrte heim. Der Vater hatte immer auf seine Rückkehr gewartet, nahm ihn mit offenen Armen wieder auf und veranstaltete ein großes Freudenfest für den heimgekehrten Sohn. Der ältere Sohn war die ganze Zeit beim Vater gewesen und hatte täglich hart auf dem Feld gearbeitet. Er fand es ungerecht, dass der Vater jetzt so ein riesiges Fest für seinen Bruder organisierte, nur weil er reumütig zurückgekehrt war. Für ihn war nie ein Fest gemacht worden, obwohl er immer brav alles getan hatte, was sein Vater wollte - anders als dieser Tunichtgut von Bruder. Er sah nicht, dass es ein Privileg war, immer in der Nähe des Vaters sein zu können und alles mit ihm zu teilen. Er konnte den Neid nicht bekämpfen, der ihm versagte, sich darüber zu freuen, dass sein Bruder den richtigen Weg wieder zurück gefunden hatte.

Aktivität: Singspiel

Manchmal sind wir sauer. Etwas war ganz furchtbar ungerecht und wir denken: Keiner hat uns lieb, da könnten wir auch gleich weggehen. Jeder hat das mal erlebt. Manche sind vielleicht auch weggelaufen. Aber jeder, der das schon einmal gemacht hat, weiß, wie schön es ist, wieder zu Hause zu sein und zu merken, da ist doch jemand, der uns lieb hat und uns vermisst.

Singspiel des bekannten Kinderlieds „Hänschen klein, ging allein"

Material

• ein großer Hut, ein Wanderstock und ein Taschentuch

Durchführung

Ein Kind spielt das Hänschen und eines die Mutter. Hänschen zieht sich den Hut auf und nimmt den Wanderstock in die Hand. Alle Kinder halten sich bei den Händen und stehen im Kreis, auch das Hänschen und die Mutter. Alle Kinder singen das Lied und Hänschen löst sich aus der Gruppe, winkt und hüpft fröhlich fort:

Hänschen klein, ging allein
in die weite Welt hinein.
Stock und Hut stehn ihm gut,
ist auch wohlgemut.

Die Mutter winkt dem Hänschen mit dem Taschentuch nach und tupft sich damit die Augen. Der Kreis schließt sich und alle singen weiter:

Aber Mutter weinet sehr,
hat ja nun kein Hänschen mehr!
Da besinnt sich das Kind
kehrt nach Haus geschwind.

Hänschen dreht um und geht zurück zur Mutter, die ihn in die Arme nimmt. Alle singen:

Lieb Mama, ich bin da,
ich, dein Hänschen, hopsasa!
Glaube mir, ich bleib hier,
geh nicht fort von dir.

Hänschen reiht sich wieder in den Kreis ein und alle singen und hopsen:

Da freut sich die Mutter sehr
und das Hänschen noch viel mehr,
denn es ist, wie ihr wisst,
gar so schön bei ihr.

Abschlussgebet

Lieber Gott,
danke, dass wir bei dir zu Hause sein dürfen,
und danke, dass wir immer wieder zu dir nach Hause kommen können,
auch wenn wir mal etwas verkehrt gemacht haben.
Wir haben dich sehr lieb.
Amen.

32. Das verlorene Schaf

Bibeltext: Lukas 15,1-7

Bilderbücher zum Thema
Carlson, Melody / Bjorkman, Steve:
Zappel, das kleine Schaf
Hudak, Michal: Wilma ist weg:
Die Geschichte vom verlorenen Schaf
Lee, Kathy: Ein Schaf geht verloren
Weth, Irmgard: Neukirchener Kinder-Bibel

Gedanken zum Thema

Ein Hirte hütete 100 Schafe. Sie blieben immer nah bei ihm, weil ihnen dann nichts geschehen konnte. Aber eines Tages fehlte ein Schaf. Der Hirte ließ seine 99 Schafe allein und machte sich auf die Suche nach dem verlorenen Schaf. Er fand es auch und brachte es nach Hause. Er war überglücklich und erzählte allen Nachbarn, dass er sein verlorenes Schaf wiedergefunden hatte.

Aktivität: Schaf basteln

Material

- dickeres weißes Papier für den Körper des Schäfchens
- dickeres braunes Papier für den Kopf, die Ohren und die Hufe
- ein wenig Watte
- Kordel in 5 cm lange Stücke schneiden
- Scheren
- Kleber
- Klebeband

Schablonenvorlage

Durchführung

- Man stellt Schablonen aus Pappe her, legt sie auf das Papier und zeichnet die Umrisse auf.
- Die Kinder schneiden nun ihre Teile aus.
- Der Kopf und die Ohren werden angeklebt.
- Die Beine (Kordelstücke) von hinten mit Klebeband an die Körper kleben.
- Die Füße an die Beine (Kordel) kleben.

Man kann den Kindern die Schafe mit nach Hause geben oder man schmückt den Raum, indem man die Schafe wie ein Mobile aufhängt.

Abschlussgebet

Lieber Gott,
danke, dass du uns immer wieder suchst, wenn wir dich vergessen, nicht mit dir reden, dir nichts erzählen oder wenn wir Unfug machen.
Danke, dass du uns immer wieder vergibst.
Du bist immer für uns da.
Bitte behüte auch unsere Familien.
Amen.

33. Der Sämann

Bibeltext: Markus 4,1-9.20

Bilderbücher zum Thema
Weth, Irmgard: Neukirchener Kinder-Bibel

Gedanken zum Thema

Ein Bauer streute Samen auf das Land. Aber nicht alle Samen gingen auf: Einige wurden von den Vögeln gefressen. Andere keimten zwar, aber dann vertrockneten sie, weil sie nicht genug Wasser bekamen. Wieder andere fielen unter Büsche und konnten nicht hochwachsen, weil sie nicht genug Licht bekamen. Alle anderen aber fielen auf fruchtbare, feuchte Erde und hatten genug Platz zum Wachsen. Sie wuchsen zu einem wunderschönen Kornfeld. Der Bauer freute sich, als er sah, dass seine Saat zu einer so reichen Ernte herangewachsen war.
So freut sich Gott über die Menschen, die ihn lieb haben und die das tun, was Jesus uns lehrt.

Aktivität: Kressesamen ziehen

Material

- Kressesamen (die Menge hängt von der Anzahl der Kinder ab)
- leere, saubere Quarkbecher (250 g) mit Plastiktellern als Untersetzer
- etwas dickere, lange Nägel (zum Löcher stanzen)
- eine Korkplatte oder Brett als Unterlage
- Watte

Durchführung

Man verteilt die leeren Quarkschälchen an die Kinder und lässt sie mit dem langen Nagel ein paar Löcher (6 sollten reichen) gut verteilt in die Böden stanzen (nicht vergessen, Brett unterzulegen).

Danach legt man ein Wattebett in die Schalen und verteilt den Kressesamen darauf.

Zum Schluss gut durchfeuchten und auf den Teller stellen.

Die Kinder sollen die Schalen mit nach Hause nehmen und gut versorgen, nicht vergessen zu wässern. Dann werden sie schöne Kresse zum Verzieren eines Salates bekommen. Sie sind der Sämann und dürfen ernten. (Keimzeit 3-7 Tage, Ernte nach ca. 10 Tagen)

Alternative Aktivität: Weizenfeld malen

Man kann die Kinder ein Weizenfeld malen lassen (egal, ob ein grünes oder eines, das ein reifes gelbes Kornfeld zeigt).

Material:

- weiße Blätter
- Buntstifte/Wachsmalstifte/Filzstifte

Abschlussgebet

Lieber Gott,
wir wollen wie der Samen sein,
der auf die fruchtbare, feuchte Erde gefallen ist.
Wir wollen wachsen
und anderen Menschen von dir erzählen.
Bitte behüte uns und unsere Familien.
Amen.

34. Der barmherzige Samariter

Bibeltext: Lukas 10,25-37

Bilderbücher zum Thema
Weth, Irmgard: Neukirchener Kinder-Bibel

Gedanken zum Thema

Ein Mann wanderte von Jerusalem nach Jericho und wurde unterwegs von Räubern überfallen.
Sie verletzten ihn so sehr, dass er sich selbst nicht mehr helfen konnte. Ein Priester und ein Levit (Männer seines Glaubens, die gerade aus dem Tempel kamen) kamen vorbei. Doch beide halfen ihm nicht, sondern ließen ihn einfach liegen. Ein Fremder kam ihm schließlich zur Hilfe. Er kam aus einem anderen Land und hatte einen anderen Glauben. Dieser Fremde kümmerte sich um ihn, verband ihn, tröstete ihn und brachte ihn in der nächsten Herberge in Sicherheit. Er bezahlte sogar den Wirt für die Pflege des Überfallenen. Obwohl er ein Fremder war, war er derjenige gewesen, der dem Überfallenen am nächsten war und ihm half.

Aktivität: Bild zur Geschichte ausmalen

Material

- Kopien von dem Motiv (siehe nächste Seite)
- Buntstifte, Wachsmalstifte oder Filzstifte

Durchführung

Mit den Kindern kann man darüber reden, was das heißt, jemand anderem zu helfen.

- Wann haben wir anderen geholfen und wie?
- War jemand traurig, den man getröstet hat? Wie hat man das getan?
- Hat sich jemand wehgetan? Was konnte man für ihn tun?
- Haben sich mal zwei gestritten? Wie konnte man ihnen helfen?

- Man kann auch anderen helfen, Aufgaben zu erledigen, z. B. aufräumen, den Tisch decken, Staub wischen.
- War jemand mal krank und man hat ihn besucht und hat ihm eine Freude gemacht?
- Kennt man jemanden, der schon älter ist und der sich freut, wenn er besucht wird? Was kann man tun, um solchen Menschen eine besondere Freude zu machen? Einen Blumenstrauß pflücken, ein Bild malen, ein Lied singen oder Gedicht vortragen – alles was froh macht.

Abschlussgebet

Lieber Gott,
wir hoffen, dass wir immer sehen,
wenn einer unsere Hilfe braucht.
Es ist auch ein schönes Gefühl,
wenn man jemandem helfen kann.
Bitte hilf du auch uns und unseren Familien und Freunden.
Amen.

Ausmalbild

35. Hochzeit von Kana

Bibeltext: Johannes 2,1-11

Bilderbücher zum Thema
de Kort, Kees: Das große Bibel-Bilderbuch

Gedanken zum Thema

Jesus ist mit Maria auf eine Hochzeit eingeladen. Das Fest ist in vollem Gang, als der Wein ausgeht. Bisher hat Jesus noch nie ein Wunder getan, aber Maria glaubt so fest an Jesus, dass sie ihn bittet, dem Brautpaar aus der Patsche zu helfen. Und wirklich, Jesus macht aus Wasser den besten Wein, den der Wirt je getrunken hat.

Aktivität: Teddy-/Puppen-Hochzeit feiern

Material

- Teddys und Puppen
- eine Puppe / ein Teddy ist die Braut mit einem Schleier oder Blumenkranz (leicht aus Gänseblümchen zu machen: einfach mit dem Fingernagel einen Schlitz in den Stängel machen und die nächste Blume durchstecken – wiederholen)
- eine Puppe / Teddy ist der Bräutigam mit einer hübschen Schleife um den Hals
- Puppengeschirr (kann auch Einweggeschirr sein)
- Stühle für die ganze Kindergesellschaft
- eine schöne Tischdecke
- Kekse o. Ä.
- Becher
- Saftkrug
- genügend (!!!) Saft / Wasser mit Sirup / Eistee
- Blumen, bunte Steine, Blätter o. Ä. als Tischdekoration

Durchführung

Die Kinder decken und schmücken den Tisch für die Puppenhochzeit. Sie setzen entweder die Puppen allein an den Tisch und „füttern“ sie / lassen sie „trinken“ oder sie nehmen die Puppen auf den Schoß. Natürlich können die Kinder Saft und Kekse auch probieren.

Im Hintergrund kann man „Die Vogelhochzeit“ von Rolf Zuckowski laufen lassen, die die meisten Kinder kennen werden.

Wenn alle sitzen und mit dem Fest beginnen wollen, kann man die Kinder fragen, wie das wohl wäre, wenn jetzt plötzlich nichts mehr zum Essen oder Trinken auf dem Tisch wäre, wo man doch gerade erst angefangen hat zu feiern. Ein Glück, dass die Brautleute damals Jesus dabeihatten, sonst wäre das Fest schnell vorbei gewesen. Jesus hat geholfen, dass alle fröhlich sein und noch lange weiter Hochzeit feiern konnten.

Abschlussgebet

Lieber Gott,
danke, dass du auch hilfst,
dass wir Freude und Spaß haben können.

Lieber Gott,
bitte behüte uns und unsere Familien.
Amen.

36. Gelähmt

Bibeltext: Markus 2,1-12

Bilderbücher zum Thema
Weth, Irmgard: Neukirchener Kinder-Bibel

Gedanken zum Thema

Ein Mann war seit vielen Jahren gelähmt. Zum Glück hatte er sehr gute Freunde. Als Jesus kam, trugen sie ihn zu ihm. Da so viele Menschen vor dem Haus warteten, brachten sie ihn sogar auf das Dach und ließen ihn von dort an Seilen hinunter, direkt vor Jesus. Jesus vergab dem Mann all seine Sünden und machte ihn gesund. Der Mann konnte von da an wieder laufen.

Aktivität: Hände, die tragen

Durchführung

Ein Kind wird durch die anderen Mitspieler getragen. Dies kann man auf zwei verschiedene Arten tun:

1. Zwei Kinder kreuzen ihre Arme und fassen die Hände ihres Gegenübers. So entsteht ein Sitz, auf dem ein anderes Kind Platz nehmen kann. Wenn man genügend Kinder (mindestens 6) hat, kann man einen Wettbewerb machen. Wer kann am schnellsten eine festgelegte Strecke zurücklegen, ohne dass der „Gelähmte“ vom Sitz fällt?
2. Mindestens vier Kinder halten ein Tuch an den Enden (mit Hilfe des Erwachsenen). Ein Kind legt sich auf das Tuch und alle zusammen heben es mit dem Tuch hoch und tragen es durch den Raum.

Abschlussgebet

Lieber Gott,
danke, dass ich gehen und mich bewegen kann.
Bitte behüte mich und vor allem auch die, die nicht gehen können.
Amen.

37. Ausgestoßen

Bibeltext: Matthäus 8,1-4

Bilderbücher zum Thema
Weth, Irmgard: Neukirchener Kinder-Bibel

Gedanken zum Thema

Ein Aussätziger (Lepra-Kranker) lebt vor der Stadt. Die Menschen haben Angst, sich bei ihm anzustecken, und so führt er ein einsames Leben. Ehemalige Freunde bringen ihm zwar jeden Tag etwas zu essen, aber sie stellen es nur vor der Hütte ab, damit sie ihm nicht zu nahe kommen. Eines Tages kommt Jesus an seiner Hütte vorbei. Der Aussätzige bittet ihn um Heilung. Und Jesus tut das Unvorstellbare, er berührt die Hände, die voller ansteckender Geschwüre sind, und sagt: „Sei rein!" Im gleichen Augenblick spürt der Aussätzige, wie seine Haut heilt, die Geschwüre am ganzen Körper verschwinden und sein entstelltes Gesicht wieder wie vorher wird. Nun muss er nicht mehr weitab von allen anderen leben. Jesus hat ihn geheilt.

Aktivität: Bild ausmalen

Die Bilder können entweder den Gruppenraum schmücken oder mit nach Hause gegeben werden.

Material

- Kopien von der Vorlage (siehe nächste Seite)
- Buntstifte oder Wachsmalstifte

Durchführung

Mit den Kindern kann man darüber reden, wie das ist, wenn man eine ansteckende Krankheit hat. Vielleicht hat schon mal jemand die Masern oder Windpocken gehabt und kann erzählen, wie er keinen Besuch bekommen durfte und wie er sich dabei gefühlt hat.

Ausmalbild

Abschlussgebet

Lieber Gott,
danke, dass ich keine ansteckende Krankheit habe.
Bitte behüte uns und alle Menschen, die krank sind.
Amen.

38. Taub und stumm

Bibeltext: Markus 7,31-37

Bilderbücher zum Thema
Weth, Irmgard: Neukirchener Kinder-Bibel

Gedanken zum Thema

Es sprach sich immer schnell herum, wenn Jesus irgendwohin kam. So auch dieses Mal. Ein Mann jedoch bekam gar nicht mit, was da vorging - er war taub und stumm. Da nahmen ihn mitleidige Menschen mit zu Jesus und baten ihn, den Taubstummen zu heilen. Jesus tat es, indem er Zunge und Ohren des stummen Mannes berührte und zum Himmel „Hephata!“ rief, das bedeutet „Öffne dich!“. Der Mann konnte von da an hören und richtig sprechen.

Aktivität: Pantomimenrätsel

Durchführung

Könnt ihr euch das vorstellen, wie es ist, wenn man nichts hören und nicht sprechen kann? Wie kann man jemandem klar machen, was man möchte oder braucht? Das ist schwierig. Wir wollen es ausprobieren.
Dazu machen wir erst ein paar leichtere Pantomimeübungen.

Tiere darstellen
Ein Kind bekommt ein Tier ins Ohr geflüstert und muss es ohne Geräusche darstellen. Die Gruppe muss das Tier erraten.
Es sollten dafür Tiere ausgewählt werden, die eine typische Bewegung haben. Hund, Katze, Pferd, Kuh, Ziege, Schaf usw. bewegen sich „nur“ auf allen Vieren und sind darum recht schwer darzustellen und zu erraten.
Einfacher ist z. B. das Hüpfen eines Frosches, das Fliegen eines Vogels oder einen Elefanten mit dem langen Rüssel (wobei der Arm vor dem Gesicht baumelt) darzustellen.

Bewegungen darstellen
Ein Kind muss eine Bewegung darstellen, die von der Gruppe erraten wird. Trauen sich die Kinder nicht, ist es auch möglich, die Rollen zu tauschen: Ein Freiwilliger geht vor die Tür und die Gruppe vereinbart eine Bewegung. Das Kind kommt herein und die Gruppe macht ihm die Bewegung vor. Das Kind muss sie erraten.
Beispiele: laufen, hüpfen, schwimmen, Fahrrad fahren (mit Hilfe eines Stuhls), reiten, sitzen (ohne Stuhl)

Das waren die Vorübungen.

Können wir ohne Ton sprechen?
Man wählt einen Freiwilligen und gibt ihm eine Aufgabe, die er ohne zu reden erfüllen muss. Die anderen müssen erraten, was er will. Sobald jemand richtig geraten hat, kommt der nächste Freiwillige mit einer neuen Aufgabe dran.

Beispiele für Aufgaben:
- Ich bin müde und möchte gern schlafen.
- Ich bin hungrig und möchte etwas zu essen.
- Ich bin durstig und möchte etwas zu trinken.
- Das war lecker.
- Ich bin fröhlich und glücklich.
- Ich bin traurig.
- Danke!
- Komm, tanz mit mir!

Die Aufgaben sollten nicht zu schwer sein.

Abschlussgebet

Lieber Gott,
danke, dass ich reden und hören kann.
Bitte behüte uns und vor allem auch die,
die nicht reden und hören können.
Amen.

39. Im Sturm

Bibeltext: Markus 4,35-41

Bilderbücher zum Thema
Weth, Irmgard: Neukirchener Kinder-Bibel

Gedanken zum Thema

Es war Abend. Viele Menschen waren wieder zu Jesus gekommen und der Menschenstrom riss nicht ab. Da beschloss Jesus, mit seinen Jüngern ans andere Ufer des Sees Genezareth zu fahren.
Sie stiegen alle ins Boot und Jesus schlief im Heck auf einem Kissen ein. Der ruhige schöne Abend änderte sich abrupt, als ein furchtbarer Sturm aufkam. Das Boot drohte zu sinken und die Jünger bangten um ihr Leben. Verzweifelt weckten sie Jesus. Sie konnten nicht begreifen, dass er im Angesicht solch einer Gefahr ruhig schlafen konnte.
Jesus aber gebot dem Sturm still zu sein und sofort legten sich die Winde und alles war wieder still. Jesus fragte seine Jünger, warum sie so furchtsam gewesen waren, wo er doch bei ihnen war, und ob sie denn kein Vertrauen in ihn hätten. Sie aber staunten, dass er sogar dem Wind und den Wellen gebieten konnte.

Aktivität: Schiffe basteln

Schiffe auf wilden Wellen schwimmen lassen.

Material

- Papier
- eine große Wanne voll Wasser

Durchführung

Schiffe basteln

Wenn alle Schiffe gebastelt sind, lässt man sie in der Wanne schwimmen. Die Kinder können dabei einen hohen Wellengang mit ihren Händen machen. Man kann sich gemeinsam vorstellen, wie viel Angst man wohl hätte, wenn man wirklich in einem der Schiffe wäre (vielleicht kentert sogar eins). Wie oft haben wir Angst, obwohl wir doch wissen, dass Gott bei uns ist?

Alternative Aktivität: Watte pusten

Watte pusten

Alle Kinder setzen sich um einen Tisch. Ein Wattebausch wird in die Mitte gelegt. Alle Kinder pusten und versuchen, den Wattebausch über den Tisch zu treiben. Eine wilde Sache. Dann stoppen alle auf Kommando und der Wattebausch liegt ganz ruhig da, so als ob nichts geschehen wäre. Wenn man sich vorstellt, der Wattebausch wäre ein Schiff im „Pustesturm" und wir wären darin, dann kann man sich vorstellen, dass man ganz schön durchgerüttelt würde. Ob man sich dabei sicher fühlen würde? Die Jünger hatten es gut, dass Jesus bei ihnen war. Aber Gott ist auch mit uns. Wir müssen nur auf ihn vertrauen.

Abschlussgebet

Lieber Gott,
manchmal vergessen wir, dass wir dir vertrauen können.
Bitte vergib uns, wenn wir das vergessen.

Lieber Gott,
bitte sei mit uns und unseren Familien.
Amen.

40. Zu spät?

Bibeltext: Markus 5,21-43

Bilderbücher zum Thema
Weth, Irmgard: Neukirchener Kinder-Bibel

Gedanken zum Thema

Jairus war der geachtete Vorsteher/Bürgermeister der Gemeinde Kapernaum. Er hatte eine Tochter, die todkrank war. Jesus war zufälligerweise in Kapernaum und so lief Jairus zu ihm und bat ihn um Hilfe. Doch als sie an seinem Hause ankamen, klagten und weinten dort die Menschen, weil das Kind schon gestorben war. Ja, sie lachten Jesus aus, als er ihnen sagte, das Kind schlafe nur. Jesus aber jagte alle aus dem Haus und nur die Eltern und drei seiner Jünger blieben bei ihm und erlebten, wie er die Hand des Mädchens nahm und sagte: „Steh auf!“ Und das Mädchen war wieder lebendig und hatte sogar Hunger.

Aktivität: Tanzlied

nach der Musik von „Dornröschen war ein schönes Kind“

Durchführung

Alle Kinder bilden einen Kreis. Drei Kinder spielen Jairus, seine Tochter und Jesus. Die Tochter und Jairus stehen in der Mitte des Kreises und halten sich bei den Händen.

Die Kinder tanzen um sie im Kreis herum und singen:

1. Jairus hat ein schönes Kind, schönes Kind, schönes Kind.
Jairus hat ein schönes Kind, und er hat es lieb.

2. Doch eines Tages wird es krank, wird es krank, wird es krank.
Doch eines Tages wird es krank - sterbenskrank.
(Die Tochter setzt sich auf den Boden.)

3. Da lief Jairus zu Jesus, zu Jesus, zu Jesus.
Da lief Jairus zu Jesus und bat: „Mach sie gesund!“
(Jairus geht zu Jesus in den Tanzkreis und nimmt ihn bei der Hand.)

4. Und Jesus ging mit ihm nach Haus, ihm nach Haus, ihm nach Haus.
Und Jesus ging mit ihm nach Haus, doch das Mädchen war schon tot.
(Jairus geht mit Jesus zu dem Mädchen, das sich jetzt hingelegt hat.)

5. Doch Jesus sagt: „Was weinet ihr, weinet ihr, weinet ihr?“
Doch Jesus sagt: „Was weinet ihr? Sie schläft doch bloß.“
(Jairus weint und reibt sich die Augen.)

6. Und Jesus betet für das Kind, für das Kind, für das Kind.
Und Jesus betet für das Kind, und sagt: „Komm, steh jetzt auf!“
(Jesus kniet sich zu dem Mädchen und betet.)

7. Und wirklich, ja, das Mädchen lebt, Mädchen lebt, Mädchen lebt.
Und wirklich, ja, das Mädchen lebt, und Hunger hat es auch!
((Das Mädchen reibt sich die Augen, steht auf und reibt sich den Bauch.)

(Alle zusammen machen wieder einen großen Kreis und singen:)
8. Da feierten sie ein großes Fest, ein großes Fest, ein großes Fest.
Da feierten sie ein großes Fest und alle dankten Gott!

Abschlussgebet

Lieber Gott,
wir hoffen, dass unser Glaube an dich so stark ist wie der von Jairus, dem Vater des Mädchens.
Lieber Gott, danke, dass du bei uns bist und uns hilfst.
Amen.

41. Alle werden satt

Bibeltext: Markus 6,32-44; Johannes 6,1-15

Bilderbücher zum Thema
Weth, Irmgard: Neukirchener Kinder-Bibel

Gedanken zum Thema

Eines Tages wollten Jesus und seine Jünger einmal ganz allein sein und fuhren mit ihrem Boot über den See an ein einsames Ufer. Aber die Menschen sahen es und liefen in Windeseile um den See herum. Dort nahmen sie Jesus mit ihren Fragen und Bitten in Empfang und Jesus half ihnen den ganzen Tag. Als es dunkel wurde, mahnten die Jünger, dass es Zeit für die Leute wäre, nach Hause zu gehen, weil sie hier ja nichts zum Essen kaufen könnten. Aber Jesus ließ die Jünger einsammeln, was an Essen da war. Es war nicht viel - nur 5 Brote und 2 Fische für 5000 Menschen. Aber Jesus segnete das Essen und sagte den Jüngern, dass sie es verteilen sollten. Verwundert stellten alle fest, dass das Essen nicht weniger wurde, sondern dass alle satt wurden - alle 5000 Menschen! Mehr noch, es blieb noch soviel Essen übrig, dass man zwölf Körbe damit füllen konnte. Ein Wunder, das die Menschen veranlasste, Jesus zu ihrem König machen zu wollen. Aber Jesus zog sich zurück auf einen einsamen Berg, um allein mit Gott, seinem Vater, zu sprechen.

Aktivität: Popcorn machen

Material und Anleitung siehe Seite 43.

Durchführung

Jedes Kind bekommt fünf Maiskörner und dann noch einmal zwei dazu. Man überlegt, ob man davon wohl satt werden kann. Die Körner sind hart zum Beißen und überhaupt, werden sie so schmecken? Nun können wir keine Wunder tun wie Jesus, aber wir können wenigstens aus den kleinen Körnern eine ganze Menge Essen machen, das dann auch noch gut schmeckt - nämlich Popcorn.

Alternative Aktivität: Matrjoschka

Dazu kann man nach der Geschichte auch eine Matrjoschka oder auch Babuschka-Puppe (die russische Puppe in der Puppe) nehmen. Man fängt mit der großen Puppe an und sagt, dass das Essen einfach nicht alle wurde, sondern das wurde einfach mehr - und hier kommt die zweite Puppe ... und mehr - die dritte Puppe kommt zum Vorschein usw.

Abschlussgebet

Lieber Gott,
du hast Jesus die Macht gegeben, 5000 Menschen satt zu machen.
Danke, dass du auch für uns sorgst und wir genug zu essen haben.
Bitte behüte uns und alle, die wir kennen,
und sei auch bei den Menschen, die heute nicht genug zu essen haben.
Amen.

42. Bartimäus

Bibeltext: Markus 10,46-52

Bilderbücher zum Thema
Weth, Irmgard: Neukirchener Kinder-Bibel
Brandt, Susanne / Nommensen, Klaus-Uwe / Lefin, Petra: Jesus und Bartimäus

Gedanken zum Thema

In Jericho lebte der blinde Bartimäus. Er konnte nichts sehen und zu der damaligen Zeit blieb ihm nichts anderes übrig, als zu betteln, um etwas zu essen zu bekommen. Sein Tag bestand aus Hören. Hören, was wohl um ihn herum geschah. Und wenn er hörte, dass jemand vorbeiging, bat er um etwas zu essen. Manche gaben ihm was, aber die meisten gingen einfach vorbei. Eines Tages hörte er viele Füße, die an ihm vorbeiliefen, und viele aufgeregte Stimmen, die durcheinanderredeten. Endlich sagte ihm jemand, was los war. Die Menschen warteten auf Jesus. Bartimäus hatte auch von ihm gehört und er hatte plötzlich die große Hoffnung, dass Jesus ihm helfen könnte. Und so rief er so laut er konnte nach Jesus. Und Jesus rief ihn zu sich und fragte, was er wolle. Da bat Bartimäus Jesus, ihn zu heilen. Jesus erlöste ihn von seiner Blindheit und Bartimäus konnte sehen. Er war so dankbar, dass er alles stehen und liegen ließ und nie mehr von Jesu Seite wich.

Aktivität: Vertrauensspiel

Bartimäus hatte Vertrauen in Jesus. Es bietet sich an, ein Vertrauensspiel mit den Kindern zu machen.

Material

- Kissen
- Stühle
- Tisch

Durchführung

Ein Freiwilliger bekommt die Augen verbunden und wird von einem Vertrauten „blind“ durch einen Hindernis-Parcours geführt. Es sind drei Hindernisse, über die, um die und unter die der Vertrauende geleitet werden muss. Dann kommt das nächste Paar an die Reihe. Zum Schluss wird gewechselt und die Vertrauten werden zu Vertrauenden und müssen den Weg nun selbst gehen. Dazu kann man die Hindernisse vertauschen, damit es interessant bleibt.

Abschlussgebet

Lieber Gott,
danke, dass wir sehen können,
aber wir danken dir auch für all die Menschen,
denen wir vertrauen können und die uns helfen.

Lieber Gott,
bitte sei bei uns allen und unseren Familien und vor allem auch bei den Menschen, die nicht sehen können.
Amen.

43. Von Engeln beschützt

Bibeltext: Psalm 91,11-12

Bilderbücher zum Thema
Sixel, Judith: Mein Schutzengel, du bist bei mir
Spathelf, Bärbel: Ein Schutzengel für den Straßenverkehr

Gedanken zum Thema

Für Kinder sind Engel vielleicht noch etwas leichter zu begreifen als für uns Erwachsene. Es kann sehr tröstlich für Kinder sein, wenn sie das Gefühl haben, dass Gott Engel schickt, die auf sie aufzupassen. Engel sind Gottes Boten (z. B. brachte ein Engel Maria die Botschaft, dass sie ein Kind bekommen sollte - Jesus.) Aber Gott schickt auch Engel, um Menschen zu beschützen. Das heißt nicht, dass wir nicht aufpassen müssen, wenn wir z. B. über eine Straße gehen, aber es heißt, dass Gott die Menschen liebt und für sie sorgt, auch durch Engel. „Schutzengel" geben Kindern Halt mitten in einer unsicheren Welt.

Aktivität: Kreative Engel

Variante 1: Die Kinder malen freihändig einen Engel nach ihrer Vorstellung.

Material
- Buntstifte, Wachsmalstifte, Filzstifte
- Papier

Variante 2: Man kann die Kinder Kartoffeldrucke anfertigen lassen. Dazu halbiert man große Kartoffeln, drückt eine Engel-Plätzchen-Form in die aufgeschnittenen Seiten und schneidet mit einem Messer um die Form herum (ca. ½ cm unter der Schnittkante). Wenn man den Engel herausgearbeitet hat, kann man die Form abziehen und den nächsten Engel-Stempel vorbereiten.

Material

- große Kartoffel
- Engel-Plätzchen-Form
- Messer
- Plakafarben
- Untertassen/Schalen (für jede Farbe)
- vorbereitete Engel-Stempel
- Papier

Die Kinder können ihre Engel mit nach Hause nehmen und z. B. über ihr Bett hängen, damit sie daran erinnert werden, dass Gott auf sie aufpasst. Manchmal haben Kinder schlechte Träume und Angst in der Nacht und da ist es immer gut zu wissen, dass der Engel sie in der Nacht begleitet und vor Gefahren schützt.

Die Kinder können auch ihre Bilder-Schutzengel mit guten Wünschen für eine Person verschenken.

Abschlussgebet

Die Kinder stehen im Kreis so weit voneinander entfernt, dass sie sich noch gerade bequem die Hände geben können. Man betet es einmal vor und lässt die Kinder danach jeden Satz nachsprechen. Dazu macht man die entsprechenden Bewegungen:

Abends, wenn ich schlafen geh,	
vierzehn Englein um mich stehn,	(man lässt die Hände los und macht einen weiten Kreis mit den Armen)
zwei zu meinen Häupten,	(die Hände gehen über den Kopf)
zwei zu meinen Füßen,	(die Hände gehen zu den Füßen)
zwei zu meiner Rechten,	(die Hände gehen nach rechts)
zwei zu meiner Linken,	(die Hände gehen nach links)
zweie, die mich decken,	(man tut so, als ziehe man eine Decke von unten nach oben unter das Kinn)
zweie, die mich wecken,	(jeder berührt sacht seinen linken Partner)
zweie, die mir weisen	
den Weg zum himmlischen Paradeisen.	(die Arme werden wieder nach oben gestreckt mit nach oben geöffneten Händen)
Amen.	

(**aus:** Das kleine Engelgebet aus der Oper „Hänsel und Gretel“ von Engelbert Humperdinck)

44. Der gute Hirte

Bibeltext: Psalm 23

Bilderbücher zum Thema
Stählin, Christof / Reichel, Anja:
Das kleine Schaf und der gute Hirte

Gedanken zum Thema

Dieser Psalm ist sehr bekannt und viele Menschen finden Trost in ihm.
Ich habe keine altersentsprechende Übersetzung für jüngere Kinder gefunden, deshalb habe ich versucht den Psalm in eine gut verständliche Form für die Kinder zu bringen.

Was tut ein guter Hirte?
Er sorgt für viele Schafe, eine ganze Herde.
Er kennt jedes einzelne seiner Schafe.
Er passt auf sie auf, damit es ihnen allen gut geht.
Er führt sie an Stellen, wo sie gutes Gras und Kräuter finden, sodass sie genug zu essen haben.
Er führt sie an Stellen, wo sie frisches, gutes Wasser finden, sodass sie keinen Durst haben.
Er passt auf, dass ihnen niemand etwas Böses tut.
Er ist immer bei ihnen und führt sie mit seinem langen Stab, sodass sie den richtigen Weg finden.
Er lässt sie nie allein.

Der liebe Gott ist wie ein guter Hirte und wir sind wie seine Herde:
Er sorgt für uns alle.
Er kennt jeden von uns.
Er geht immer mit uns und führt uns, damit es uns gut geht.
Er sorgt für uns, damit wir zu essen und zu trinken haben,
Er behütet uns, wir brauchen keine Angst haben, denn er ist immer bei uns.
Er nimmt uns bei der Hand und führt uns den richtigen Weg.
Er lässt uns nie allein und wir können immer zu ihm beten, ihm alles erzählen – alles Schöne und alles Traurige. Er hört uns und tröstet uns.
Wenn wir Gott folgen wie die Schafe dem guten Hirten, dann geht es uns immer gut.

Aktivität: Spiel „Hirt und Herde"

Material

- eine Augenbinde

Durchführung

Ein Kind wird der Hirte und bekommt die Augen verbunden. Die anderen stehen um es herum und einer nach dem anderen fragt den Hirten: „Hirte, guter Hirte, wie viele Schritte darf ich aus dem Stall gehen?" Diese Schrittzahl darf sich der Fragende (das Schaf) von dem Hirten entfernen (dabei können alle mitzählen). Wenn alle „Schafe" den „Stall" verlassen haben, ruft der Hirte: „Meine Schäflein, wo seid ihr?" Daraufhin blöken alle Schafe „Mäh". Der Hirte muss eines finden und dann fragt er: „Liebes Schaf, sag doch was." Das „Schaf" kann entweder etwas sagen oder blöken (das hängt davon ab, wie gut sich die Kinder schon kennen). Erkennt der Hirte das Schaf, muss es in den Stall zurück. Das Schaf, das der Hirte zuletzt erkennt, wird der neue Hirte.

Alternative Aktivität: Bild ausmalen

Material

- Kopien von dem Hirtenbild (siehe nächste Seite)
- Buntstifte, Wachsmalstifte, Filzstifte
- Watte
- Kleber

Durchführung

Die Kinder malen den Hirten und den Hintergrund aus und zupfen sich Wattebäusche, die sie auf die Stelle kleben, wo die Schafe weiden.

Abschlussgebet

Lieber Gott,
du bist der beste Hirte und wir sind gern wie Schafe in deiner Herde.
Danke, dass du so gut auf uns aufpasst und immer bei uns bist.
Bitte behüte auch unsere Freunde und Familien.
Amen.

45. Ein fröhlicher Tag

Bibeltext: Psalm 118,24

Bilderbücher zum Thema
Wolf, Tony: Geschichten aus dem Fabelwald (die Tiere machen aus allem ein Fest)

Gedanken zum Thema

Kinder sind unbeschwerter als wir Erwachsenen, sie können sich erwartungsvoll tagelang auf etwas freuen. Sie können unbeschwert feiern und so kann man auch einmal einen Sonntag darauf ausrichten, ein richtiges kleines Fest zu feiern.

Aktivität: Fest feiern

Ein Sonntag, an dem wir Gott ein richtiges kleines Fest feiern.

Material abhängig von der Kinderzahl
- Tische und Stühle
- Tischdecke
- Teller und Becher
- Saft/Tee
- Streichhölzer
- Vasen

Vorbereitung

Diesen besonderen Tag kann man in den vorausgehenden Wochen schon ankündigen und die Kinder fragen, ob sie dazu von zu Hause Blumen, Plätzchen, Obst oder Kerzen mitbringen können (es ist ratsam, mit den Eltern zu sprechen und festzuhalten, wer was mitbringen kann, damit es nicht nur Mandarinen oder Kerzen gibt). Man kann die Kinder bitten, zu Hause ein besonderes Bild zu malen oder eine Figur zu kneten, die im Bezug zu den Geschichten stehen, die die Kinder schon kennen. Es kann auch ein altes Bild sein, das sie schon früher im Kinderprogramm gemalt haben. Diese Kunstwerke kann man entlang der Wände aufhängen/ausstellen und in einer anschließenden Vernissage von den Eltern und der Gemeinde bewundern lassen.

Durchführung

Man begrüßt die Kinder wie immer und stellt die Gaben, die sie mitgebracht haben, auf den Tisch. Man zündet die Kerzen an, stellt sich im Kreis auf und sagt gemeinsam ein Lobgebet, z. B.:

(Der Leiter berührt seine Augen und sagt)
Augen hast du uns gegeben.
(Die Kinder berühren ihre Augen und antworten)
Ja, Augen brauchen wir zum Leben.
Lieber Gott, wir danken dir.

(Der Leiter fasst sich an die Ohren und sagt)
Ohren hast du uns gegeben.
(Die Kinder fassen sich an die Ohren und antworten)
Ja, Ohren brauchen wir zum Leben.
Lieber Gott, wir danken dir.

(Der Leiter faltet die Hände und sagt)
Hände hast du uns gegeben.
(Die Kinder falten die Hände und antworten)
Ja, Hände brauchen wir zum Leben.
Lieber Gott, wir danken dir.

(Der Leiter fasst die Hände der Kinder rechts und links von ihm und sagt)
Freunde hast du uns gegeben.
(Die Kinder fassen sich alle an den Händen und antworten)
Ja, Freunde brauchen wir zum Leben.
Lieber Gott, wir danken dir.

(Der Leiter zeigt auf die Festtafel und sagt)
Dieses Essen hast du uns gegeben.
(Die Kinder falten die Hände und antworten)
Ja, Essen brauchen wir zum Leben.
Lieber Gott, wir danken dir.
Amen.

(unbekannter Autor)

Man kann das Gebet beliebig fortsetzen. Dann kann das kleine Fest beginnen. Wenn die Kinder Kunstwerke mitgebracht haben, kann man diese an einer Wand aufhängen bzw. auf einem Tisch davor platzieren. Nach dem Festschmaus kann man die Gemeinde bitten, zu dieser kleinen biblischen Vernissage zu kommen und die Kunstwerke der Kinder zu bestaunen. Vielleicht mag das eine oder andere Kind auch die Geschichte erzählen, aus der das Bild oder die Figur stammt.

Abschlussgebet

(mit allen Teilnehmern dieses Festes)

Lieber Gott,
wir danken dir für diese wunderbaren Kinder und für alle Menschen, die in unserer Gemeinde sind.
Wir danken dir, dass du diesen Tag so wunderbar gemacht hast und dass wir so viel Freude haben.
Bitte behüte uns alle auf unserem Nachhauseweg und durch die ganze Woche.
Amen.

46. Du bist wunderbar

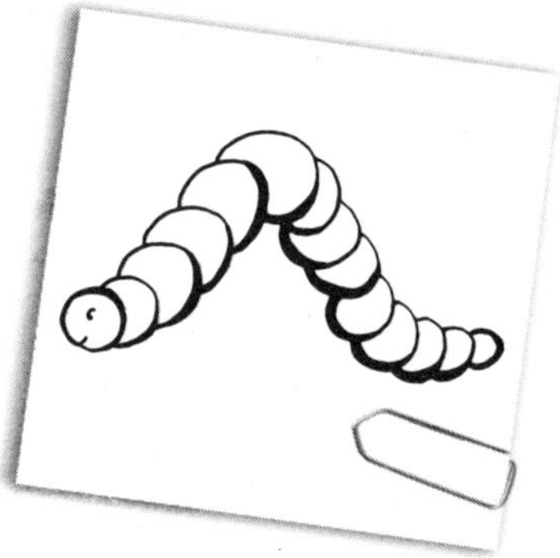

Bibeltext
Psalm 139,14

Bilderbücher zum Thema
Carle, Eric: Die kleine Raupe Nimmersatt

Gedanken zum Thema

Dieses Bilderbuch beschreibt, wie die kleine Raupe fressend größer wird, bis sie eines Tages ein wunderschöner Schmetterling ist. Gott hat wirklich an alles gedacht.
Eine Raupe ist nicht gerade ein Tier, das wir Menschen sehr bewundern. Wir sind froh, wenn wir sie nicht im Garten haben und oft bekämpfen wir sie als Schädlinge. Dagegen lässt uns die Schönheit, Farbenpracht und die Leichtigkeit, mit der Schmetterlinge durch die Luft gaukeln, immer wieder staunen. Wir schauen ihnen bewundernd nach. Sie drücken eine Freude für uns aus und sie machen uns glücklich. Ganz nebenbei bestäuben die Schmetterlinge die Blüten von Pflanzen und helfen so, dass diese Pflanzen weiterleben, indem sie Samen machen können, aus denen wieder neue Pflanzen wachsen. So macht der Schmetterling wieder gut, was er als Raupe gefressen hat.

Aktivität: Schmetterling malen

Frei einen bunten Schmetterling malen

Material
- Papier, Buntstifte, Wachsmalstifte, Filzstifte

Abschlussgebet

Lieber Gott,
du hast die ganze Welt gemacht und sie ist wunderschön.
Du hast auch uns gemacht und wir freuen uns,
dass wir leben und dass du uns so gemacht hast, wie wir sind.
Bitte behüte uns auf allen unseren Wegen.
Amen.

47. Gott ist größer als der Himmel

Bibeltext: Psalm 36,6

Bilderbücher zum Thema
McBratney, Sam: Weißt du eigentlich, wie lieb ich dich hab?
Hübner, Franz: Weißt du schon, wie lieb Gott dich hat?

Gedanken zum Thema

Der kleine Hase und seine Mama sagen sich, wie lieb sie sich haben: „Bis zum Mond und zurück." So lieb hat uns auch Gott - und noch mehr - so weit der Himmel ist! Die Geschichten zeigen, wie jedes Kind im Alltag die Liebe Gottes erfährt. Ob beim ausgelassenen Spiel, beim Frühstücken, Streiten oder Schlafen: Gott hat dich lieb - immer.

Aktivität: Herzen ausschneiden

Material

- rotes Buntpapier und Scheren

Durchführung

Kleine Quadrate aus Buntpapier knickt man halb und zeichnet ein halbes Herz darauf (die Mitte muss in dem Falz liegen). Dann können die Kinder die Herzen ausschneiden und jemandem schenken, den sie sehr lieb haben.

Abschlussgebet

Lieber Gott,
wir haben dich so sehr lieb und du hast uns noch viel mehr lieb. Das macht uns sehr glücklich.
Bitte behüte uns und alle Menschen auf der Erde.
Amen.

48. Über Mauern springen

Bibeltext: Psalm 18,30

Bilderbücher zum Thema
Tharlet, Knister und Eve: Das verspreche ich dir

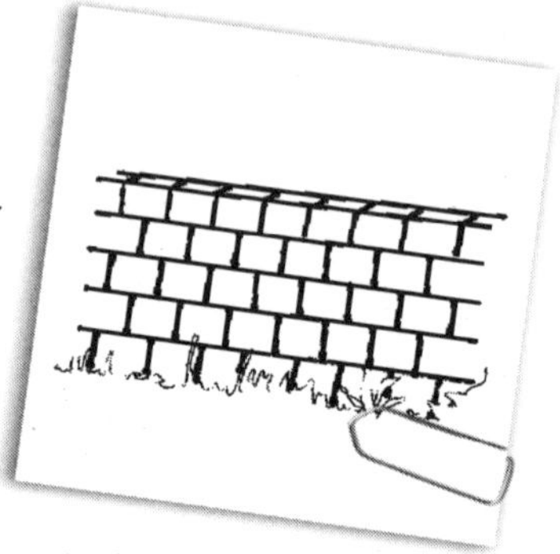

Gedanken zum Thema

Bruno, das Murmeltier, erlebt eine wunderbare Freundschaft mit einem Löwenzahn. Als die Blume Samen gebildet hat, bittet sie Bruno, ihr immer zu vertrauen, egal was auch geschieht. Und dann bittet sie ihn, fest zu pusten. Natürlich fliegen die Samenkörbchen davon und Bruno ist furchtbar traurig, weil er denkt, er hätte seinen Freund zerstört. Nach seinem Winterschlaf erwacht er und findet an der Stelle, wo sein Freund gestanden hatte, hunderte von Löwenzahnblumen.

Was macht einen guten Freund aus? Man kann ihm alles erzählen, geht mit ihm durch dick und dünn, kann mit ihm über Mauern springen. Man kann ihm vertrauen und ihm glauben, was er verspricht.
Ein solcher Freund ist Gott - und mehr, denn er ist immer für uns da!

Aktivität: Vertrauensspiel

Material

- Tuch, um die Augen zu verbinden
- Parcours aus Stühlen, Tischen, einige Kissen auf dem Boden, auf die man sich setzen muss

Durchführung

Es bilden sich Zweier-Teams, davon spielt jeweils ein Kind den „Blinden“ und eines den Freund, der es führt. Die Teams stellen sich hintereinander auf. Das erste Kind lässt sich die Augen verbinden. Der Blindenführer muss nun den Blinden sicher durch den Parcours ans Ziel bringen. Der Blindenführer darf den Blinden beruhigen, ihm erzählen, was da auf ihn zukommt, ihn in den Arm nehmen oder an der Hand führen. Nachdem der Blinde sicher am Ziel angekommen ist, stellt sich das Freundespaar hinten an. Wenn alle Kinder der Gruppen durch sind, wird getauscht und der Blindenführer wird selbst zum Blinden. Ziel des Spieles ist es, dass man lernt, einander zu vertrauen.

Abschlussgebet

Lieber Gott,
danke, dass du uns so ein guter Freund bist,
dass du immer für uns da bist
und dass wir dir vertrauen können.
Danke, dass wir mit dir über Mauern springen können.
Bitte behüte uns und unsere Familien.
Amen.

49. Erntedankfest

Bibeltext: 1. Mose 8,22

Bilderbücher zum Thema
Pertler, Cordula: Kinder feiern Erntedank

Gedanken zum Thema

Erntedankfest bedeutet, einen der farbenfrohesten Gottesdienste des Jahres zu feiern. Es ist eindrucksvoll, besonders für Kinder, weil so viele vertraute Dinge schön arrangiert um den Altar herum aufgebaut sind.
Wir danken Gott, dass er uns mit all diesen Gaben so reich beschenkt hat, dass wir genug geerntet haben, um den langen Winter gut leben zu können, wenn draußen nichts mehr wächst und die Erde sich unter einer Schneedecke ausruht.
Die meisten Kinder leben heute in der Stadt und einen jahreszeitlich bedingten Engpass mit Lebensmitteln gibt es im Zeitalter der Supermärkte nicht mehr. Deshalb ist es umso wichtiger, dass man an diesem Fest noch einmal klarmacht, wie alles zusammengehört und wie perfekt Gott alles in seiner Schöpfung gemacht hat.
Man kann die Kinder Obst, Gemüse, Nüsse und Blumen mitbringen lassen. Auf jeden Fall sollte man aber auch selbst für eine breite Auswahl sorgen, damit man einen schönen, farbenfrohen Dankaltar aufbauen kann.

Aktivität: Früchte raten

Material

- dicke, standfeste Kerzen oder Kerzen in standfesten Haltern
- Streichhölzer
- standfeste Vasen
- ein Tuch zum Augenverbinden

Durchführung

Die Kinder bringen ihre Gaben und schmücken mit ihnen den bereits mit anderen Früchten usw. vorbereiteten Platz/Altar. Die Kerzen werden angezündet und alle stehen in einem Halbkreis und fassen sich an den Händen. Dann singen alle zusammen ein Dankeslied.

Ein Kind bekommt die Augen verbunden und ein anderes darf eine Frucht, Gemüse, Nuss oder Blume aussuchen, die es dem „blinden" Kind in die Hand gibt. Das Kind muss nun erraten, was das für eine „Frucht" ist. Man fragt das Kind, wie sich die Frucht anfühlt, wie sie riecht und vielleicht auch, wie sie schmeckt. Wenn das Kind die „Frucht" erraten hat, darf es die Augenbinde abnehmen. Alle zusammen überlegen: Wenn die Frucht erzählen könnte, was würde sie wohl sagen? Wo ist sie gewachsen? Was hat sie wohl alles erlebt? Wer hat auf sie aufgepasst? Was hat sie alles gebraucht, um groß zu werden? Was können wir mit ihr machen? Warum brauchen wir sie? Was für Gerichte kann man aus ihr machen? Wenn alle Fragen beantwortet sind, kommt ein anderes Kind mit einer anderen Frucht an die Reihe.

Alternative Aktivität: Gespräch

Gespräch über Lieblingsspeisen und was gebraucht wird, damit wir sie essen können: Man fragt die Kinder, was ihre Lieblingsspeise ist. Man sammelt ihre Ideen und spricht dann Speise für Speise durch, woraus sie wohl gemacht wurde.
Beispiel Plätzchen: aus Mehl, Mehl wird aus Korn gemacht, Korn wächst auf Feldern. Um wachsen zu können, braucht es Licht, Wärme, Wasser und Erde. Deshalb danken wir Gott, dass er das alles bereitgestellt hat, damit wir ein Plätzchen essen können.
Oder Schokolade: Sie besteht u. a. aus Milch. Milch kommt von der Kuh. Die Kuh muss gutes Gras fressen, damit sie Milch geben kann. Gras wächst nur, wenn es Licht, Wasser, Wärme und Erde hat.
Oder Spaghetti: Sie werden aus Mehl und Wasser gemacht. Mehl gewinnt man aus Weizenkörnern. Weizen wächst ...

Abschlussgebet

Lieber Gott,
du lässt die Pflanzen wachsen, die wir zum Leben brauchen.
Du lässt so viele verschiedene Pflanzen wachsen
und wir können so leckere Speisen aus ihnen machen.
Wir danken dir dafür von ganzem Herzen.
Amen.

50. Taufe

Bibeltext: Matthäus 28,19

Bilderbücher zum Thema
Zädow, Angelika: Tröpfchen.
Eine Taufgeschichte

Gedanken zum Thema

In der Taufe sagt uns Gott, wie sehr er uns liebt. Der Kopf des Täuflings wird mit Wasser als Zeichen des Lebens beträufelt. Ohne Wasser ist kein Leben möglich. Ohne Gott auch nicht. In der Taufe zeigt uns Gott, dass er uns so annimmt, wie wir sind. Er schenkt uns seine Liebe, damit wir in dieser Liebe leben können. Durch die Taufe sagt uns Gott: Du bist wer und darum hast du auch einen Namen.
In der Taufe verspricht uns Gott, dass er mit uns gehen und uns im Leben begleitet will. Die Eltern und Paten versprechen, dass sie dem Kind von Gott erzählen und ihm helfen werden, Gott kennenzulernen.

Aktivität: Den richtigen Stein erkennen

Material

- Augenbinde für jedes Kind
- Steine, die möglichst unterschiedlich geformt sind oder unterschiedliche Oberflächen oder Größen haben
- Plakafarben
- Pinsel

Durchführung

Alle Kinder bekommen die Augen verbunden und dann einen Stein in die Hand. Diesen sollen sie gut befühlen und sich seine Besonderheit einprägen. Danach werden die Steine wieder eingesammelt und der jeweilige Name des Kindes auf die Unterseite geklebt. Alle Steine werden zusammen in eine Schale /einen Korb gelegt. Die Kinder ziehen die Binde von den Augen und müssen nun ihren Stein im Korb aus allen Steinen herausfinden. (Wenn man

den Schwierigkeitsgrad erhöhen möchte, kann man einige Steine mehr in die Schale legen, die kein Kind in der Hand hatte). Es ist nicht schlimm, wenn manche ihren Stein nicht mehr finden!
Danach können die Kinder ihren Stein wieder nehmen, ihm einen Namen geben oder ihn anmalen.

Zum Schluss werden alle Steine noch einmal eingesammelt und schön auf dem Tisch arrangiert. Jeder kann jetzt ganz leicht auf seinen Stein zeigen, weil er ihn angemalt hat und gut erkennt. So wie die Kinder ihren Stein jetzt kennen, so kennt uns Gott.

Alternative Aktivität: Namensschilder

Aus buntem Karton werden Namensschilder gebastelt.

Material

- Wäscheklammern aus Holz
- bunter Fotokarton
- Malstifte
- Schere
- Kleber

Durchführung

Aus Tonpapier Schilder ausschneiden. Das kann z. B. ein Stern sein oder auch ein Herz. Namen auf den Karton schreiben (wer das schon selbst kann, macht es selbst). Das Namensschild bunt anmalen und auf die Wäscheklammer kleben. Die Kinder können ihr Namensschild an eine angebrachte Wäscheleine klipsen.

Abschlussgebet

Lieber Gott,
wenn wir getauft werden, rufst du uns bei unserem Namen
und du kennst uns.
Das tut uns gut, denn wenn du uns kennst, kannst du uns auch helfen,
und wir wissen, dass du auf uns aufpasst.
Bitte pass auch auf unsere Familien auf.
Amen.

51. Allerseelen/Totensonntag

Bibeltext
Johannes 5,24

Bilderbücher zum Thema
Schindler, Regine / Heyduck-Huth, Hilde: Pele und das neue Leben
Varley, Susan: Leb wohl, lieber Dachs
Velthuijs, Max: „Was ist das?" fragt der Frosch

Gedanken zum Thema

Tod ist kein Tabu. Man kann/muss darüber sprechen, denn er gehört zum Leben. Allerseelen wird im November gefeiert, dann wenn die Blätter an den Bäumen verwelken und abfallen und auf diese Weise dem Baum Nahrung geben, um wieder neue Blätter zu treiben. Der Kreislauf schließt sich, damit er wieder neu beginnen kann.

In Neuseeland haben wir ein Programm, das Seasons (Jahreszeiten) heißt und das Kindern in einer Gruppe die Möglichkeit gibt, gemeinsam durch die Jahreszeiten ihrer Trauer zu gehen - vom Herbst, wenn der Abschied stattfindet, über die traurige, mutlos kalte Zeit des Winters zu den zarten Anfängen neuer Gefühle und Freude bis zum vollen Sommer, der unsere überschäumende Freude am Leben wiedererwachen lässt. Tod ist nicht das Ende - es ist ein neuer Anfang. Deshalb liegt dieser Feiertag auch am Ende des Kirchenjahres und vor dem Beginn der Adventszeit.

Für Kinder ist es wichtig zu wissen, dass z. B. ein geliebter Mensch nicht einfach weg ist, sondern dass er bei Gott weiterlebt - ganz nahe bei Gott. Jesus ist uns vorausgegangen. Für uns Zurückgebliebenen ist der Verlust schmerzlich, weil wir die Person nicht mehr real vor uns haben, nicht mehr schöne Sachen mit ihr tun können und uns auch nicht mehr mit ihr versöhnen können, wenn wir eine kleine Unstimmigkeit hatten. Aber sie lebt in unserem Herzen fort und das beschreiben die oben genannten Bilderbücher sehr schön.

Aktivität: Kerzen anzünden

Kerzen anzünden für jeden, den wir verloren haben. Licht ist ein Zeichen für Leben, Licht erhellt das Dunkel, Jesus ist Licht.

Material

- einen Beutel Teelichter
- Streichhölzer

Durchführung

Wer war schon einmal auf einem Friedhof und hat ein Grab besucht?
Auf einem Grab wachsen hübsche Blumen und oft steht dort eine kleine rote Leuchte. Besonders an Allerseelen/Totensonntag stellen wir solche Lichter auf die Gräber als ein Zeichen für die, die wir so sehr vermissen.

- Man kann zu Allerseelen/Totensonntag die Kinder zunächst fragen, wer das schon einmal erlebt hat, dass ein Mensch oder ein Tier, den/das man sehr gern hatte, gestorben ist. Für viele ist der Verlust eines geliebten Haustieres oft genauso schlimm wie der Verlust eines Menschen. Oft ist es auch das einzige Erlebnis, das sie bis zu diesem Zeitpunkt im Hinblick auf einen persönlichen Verlust hatten. Somit ist es gut, wenn man einen solchen Verlust auch ernst nimmt.
- Warum sind wir traurig, wenn das geschieht?
- Was bedeutet es Abschied zu nehmen? Wir verabschieden uns oft von anderen - aber meistens sehen wir die Menschen wieder - wie z. B. im Kindergottesdienst, im Kindergarten, Verwandte oder die Eltern, die ja jetzt in der Kirche sitzen und die man nach dem Kindergottesdienst wiedersieht.
- Tod bedeutet, dass wir den Menschen hier auf der Erde nicht mehr sehen können und auch nicht mehr umarmen. Das tut weh. Was können wir tun, damit wir die, die wir vermissen, nicht vergessen? Geschichten von ihnen erzählen oder daran denken, was man alles für schöne Dinge mit ihnen gemacht hat. So bleiben Menschen in unserem Herzen lebendig. Gott freut sich auch, wenn er hört, was der Mensch für schöne Dinge gemacht hat, als er noch auf der Erde war.

Und wir können Kerzen anzünden als ein Zeichen, dass mit dem Licht die Menschen, die wir lieb haben, immer noch da sind. Das lebendige Licht der Kerze sagt uns auch, dass der Mensch weiterlebt - ganz nah bei Gott.

Nun können die Kinder für alle, die sie vermissen, weil sie gestorben sind, eine Kerze anzünden. Bei den Jüngsten muss man da mithelfen. Danach können sie eine Erinnerung zu der Person (oder dem Tier) erzählen. Wenn ein Kind möchte, kann es auch ein Gebet zu Gott sprechen und ihm erzählen, wie lieb der Mensch war.

Als Abschluss kann man das Lied „Tragt in die Welt nun ein Licht, sagt allen: Fürchtet euch nicht“ singen.

Alternative Aktivität: Narzissen treiben

Material

- für jedes Kind eine Plastikschale (z. B. ausgewaschene Quarkschale), in deren Böden man Löcher gestanzt hat
- Untersetzer
- Sand
- Narzissenzwiebeln

Durchführung

Wer schon einmal auf dem Friedhof war, hat bestimmt gesehen, dass die Gräber mit schönen Blumen geschmückt sind. Das ist ein Zeichen, wie sehr die Menschen denjenigen, der dort beerdigt ist, gemocht haben und vermissen. Sie sind aber auch ein Zeichen dafür, dass wir Lebenden uns darüber freuen sollen, dass wir leben und dass das Leben, das Gott uns geschenkt hat, sehr schön ist. An Allerseelen/Totensonntag denken wir ganz besonders an diese Menschen, die uns fehlen und die jetzt bei Gott sind.

Es ist eine Zeit, in der nicht mehr viele Blumen draußen wachsen, deshalb kann man mit den Kindern eine neue, besonders schöne Blume treiben, die (hoffentlich) in der Weihnachtszeit (der Zeit der Hoffnung und des Wartens auf das Christkind) ihre Blüten öffnen wird.

Man lässt die Kinder die Zwiebeln befühlen. Sie sind trocken. Nichts Grünes oder Frisches ist zu sehen. Sie sehen tot aus. Man kann ihnen erklären, dass die Zwiebel zwar vertrocknet und tot aussieht. In Wirklichkeit ist sie gar nicht tot, sondern trägt eine neue, schöne Blüte in sich. Die Kinder können der Zwiebel helfen, diese neue Blüte hervorzubringen.
Man füllt die Schalen mit Sand und drückt die Zwiebeln (mit der Spitze nach oben) halb in den Sand hinein. Es ist wichtig, dass die Zwiebeln halb aus dem Sand herausragen. Anschließend wird gewässert.

Die Kinder können die Töpfchen mit nach Hause nehmen und dort ans Fenster stellen (Licht ist wichtig). Oder die Töpfchen bleiben im Raum und können jeden Sonntag von den Kindern überprüft werden, wie weit sie sind (gut feucht halten). Falls die Zwiebel zu viele Wurzeln treibt, muss sie wieder ein wenig zurück in den Sand gedrückt werden. Eventuell muss man mehr Sand in die Schale füllen. Die Blüte wird nach ca. 6 Wochen erscheinen und hält mehrere Wochen an.

Abschlussgebet

Lieber Gott,
wir danken dir, dass du all die Menschen, die wir lieb haben, zu dir nimmst, und dass sie bei dir im Himmel sein können.
Pass bitte gut auf sie auf, denn wir haben sie sehr lieb.
Pass auch bitte auf uns gut auf.
Amen.

52. Gottesdienst im Grünen

Bibeltext: Matthäus 5,14.16; Johannes 8,12

Bilderbücher zum Thema
Weninger, Brigitte:
Einer für alle - Alle für einen!

Gedanken zum Thema

Dies ist als ein alternativer Gottesdienst für die ganze Gemeinde gedacht. Eine Gemeinde lebt vom Miteinander, vom Sich-Kennen und Helfen, von gemeinsamen Erlebnissen. Es ist im Idealfall eine Gemeinschaft von Jung und Alt.
Für einen Gottesdienst im Grünen eignet sich eine Waldlichtung, die Wiese eines Bauern, der Garten eines Gemeindemitgliedes, ein Park, kurz jeder Ort, der ein wenig Privatsphäre und viel Natur bietet.

Aktivität: Kerzenlicht weitertragen

Material

Es ist ein wenig Organisation nötig, um einen solchen Gottesdienst durchzuführen, und jedes Gemeindemitglied sollte seine eigene Versorgung (Stühle, Besteck, Teller, Essen, Trinken) für ein gemeinsames Picknick nach dem Gottesdienst mitbringen. Ferner kann man bitten, dass jeder Teilnehmer ein leeres Marmeladenglas o. Ä. mit einem Teelicht für sich mitbringt. Es ist ratsam, einige Reservegläser und Kerzen zu haben, falls jemand es vergessen hat. Außerdem eignet sich ein Gasanzünder für Kohlen gut, um die Kerzen in den Gläsern anzuzünden.
Für die allgemeine Organisation braucht man einen Tisch, den man als Altar schmücken kann, ein Kreuz, Blumen und, falls eine Musikgruppe dabei ist, deren Ausrüstung.

Durchführung

Es ist schön, wenn bei einem solchen Gottesdienst die Kinder integriert werden. So können sie z. B. nach der Begrüßung und den Eingangsworten/Lied aufgefordert werden, die Gläser mit den Kerzen (unangezündet) zum Altar zu bringen. Man kann sie fragen, welche Person aus der Bibel sie am liebsten haben oder welche Geschichte, und warum. So werden auch sie einmal gehört und die meisten Kinder erzählen gern etwas. Wenn ein Kind zu scheu ist, braucht es selbstverständlich nichts zu sagen.

Der Gottesdienst geht seinen gewohnten, vielleicht etwas verkürzten Gang und zum Schluss werden die Kerzen in den Gläsern von Helfern angezündet. Man kann darauf hinweisen, dass wir die frohe Botschaft, die Lehre von Jesus, weitertragen sollen, dass wir so Licht ins Dunkel, Licht in die Welt tragen können. Danach werden die Kinder wieder zum Altar gebeten. Jedes Kind bekommt von den Helfern ein Glas mit einer brennenden Kerze und trägt es zu seiner Familie (wenn mehrere Erwachsene zur Familie gehören, muss das Kind mehrmals gehen). Dabei singen alle zusammen das Lied: „Tragt in die Welt nun ein Licht."

Nach dem Abschlussgebet und Segen setzen sich alle zusammen und feiern diesen besonderen Sonntag mit einem gemeinsamen Picknick. Man kann auch das mitgebrachte Essen auf einem großen Tisch arrangieren und ein „bring and share" veranstalten. Auf diese Weise kommen oft die wunderbarsten Buffets zusammen. Ein solcher Gottesdienst bleibt nicht nur den Kindern im Gedächtnis.

Bibelstellenverzeichnis

Danksagung

An dieser Stelle möchte ich mich ganz herzlich bei einigen Menschen bedanken, ohne die dieses Buch nicht entstanden wäre. Dies sind: Claudia Siebert, die mir die Gelegenheit gab, dieses Buch zu schreiben, und die mir mit ihren aufmunternden E-Mails immer wieder Mut machte. Birgit Götz für ihre produktive Unterstützung und Ideen bei der Erstellung dieses Buches. Auch ihre E-Mails haben es mir leicht gemacht, meine Gedanken aufs Papier bzw. in den Computer zu bringen. Mein Sohn Martin, der meinen „launischen“ Computer immer wieder schnell in den Griff bekommt, wenn mich die Technik mal wieder zur Verzweiflung bringt. Mein Sohn Stephan, der mich von Holland aus über Skype immer wieder wie ein „motivational speaker“ aufbaut. Und last not least meinem Mann Edgar, der für eine recht lange Zeit nur eine Frau hatte, die vor dem Monitor saß und um sich herum alles mehr oder weniger vergessen hatte – sorry und danke für all euer Verständnis und eure Unterstützung!